Ursula Thiemer-Sachse

Das Kaninchen im Mond
und im Kampf ums Dasein in der Welt der Tiere und Menschen

Erzählungen – Mythen, Legenden, Märchen,
eben Tiergeschichten jeder Art
– in und von ethnischen Gruppen in Oaxaca, Mexiko.

Übersetzungen aus den spanischsprachigen Versionen
sowie Kommentare von Ursula Thiemer-Sachse

Buchedition Amerindian Research
Nr. 2

Ursula Thiemer-Sachse

Das Kaninchen im Mond
und im Kampf ums Dasein in der Welt der Tiere und Menschen

Erzählungen – Mythen, Legenden, Märchen,
eben Tiergeschichten jeder Art
– in und von ethnischen Gruppen in Oaxaca, Mexiko.

Übersetzungen aus den spanischsprachigen Versionen
sowie Kommentare von Ursula Thiemer-Sachse

Abbildung des Mondes auf dem Einband:
Vollmond zu Beginn der Nacht mit den Mondflecken, die wie ein Kaninchen wirken, das "Männchen macht", das nach links schaut, so wie es in Mexiko zu erkennen ist. Wenn der Mond dann in der Morgendämmerung am Westhimmel zu sehen ist, scheint das Kaninchen kopfüber herunterzufallen.
Untere Bildleiste: siehe Abbildungen im Text

Abbildungen auf der Einband-Rückseite:
links: Steinbildwerk aus Tlaxiaco in der Mixteca Alta in Oaxaca mit einem Relief des Kaninchens im Mond, der als Gefäß für den fermentierten Agavensaft, den Pulque, dargestellt ist.
rechts: Kleines Keramikfigürchen eines musizierenden Kaninchens aus Tamazulapan, Region Mixe, Oaxaca.

Fotos, Digitalisierung und Zeichnung von Ursula Thiemer-Sachse

Bibliografische Information der Deutschen Nationalbibliothek:

Die Deutsche Nationalbibliothek verzeichnet diese Publikation in der Deutschen Nationalbibliografie; detaillierte bibliografische Daten sind im Internet über http://dnb.dnb.de abrufbar.

© 2022 Ursula Thiemer-Sachse

Herstellung und Verlag: BoD – Books on Demand, Norderstedt

ISBN: 978-3-7568-3970-4

Zur Einführung

Bei uns in Mitteleuropa ist die Vorstellung verbreitet, in den Flecken des Vollmonds könne man ein Gesicht erkennen oder einen "Mann im Mond". Dazu gibt es auch manche Geschichte, wie er da hingekommen sein könnte. In Weltregionen, die dem Äquator näher liegen, ist der Blick auf den Mond von einem minimal anderen Winkel bestimmt, so dass die Interpretation der Mondflecke auch anders gewesen ist und bis heute in den Volkstraditionen existiert.

Dieser andere Blickwinkel auf den Mond hat in Mexiko dazu geführt, dass man in den Flecken ein Kaninchen zu sehen meint, das sich aufrichtet, "Männchen" macht und nach der linken Seite hin aus dem Himmelslicht des Vollmondes herausschaut. Man hat sich wohl oft gefragt und überlegt, wie es dort hingekommen sein könnte. Diese Frage hat ihren Niederschlag im Erzählgut gefunden.

Aus den alten Schöpfungsmythen der Azteken in Zentralmexiko, welche durch Aufzeichnungen in der frühen Kolonialzeit überliefert sind, wissen wir: Es wurde erzählt, "dass Sonne und Mond ursprünglich mit gleichem Glanze leuchteten und gleichzeitig an dem Rande des Himmels erschienen, ihren Weg antraten. Aber die Götter, denen das nicht recht erschien, schlugen dem Monde mit einem Kaninchen ins Gesicht, so dass sein Glanz sich verdunkelte und das Kaninchen seitdem auf der Fläche des Mondes zu sehen ist. Andere erzählen, dass der Pulquegott dem Monde mit Papier in Gestalt eines ‚Kaninchengefäßes‘, eines Pulquekruges, das Gesicht verhüllte…" (Seler IV: 63).

Abb. 1: Kaninchen im Mond, der als Pulquegefäß erscheint, als Gefäß für den vergorenen Agavensaft (Codex Borgia 11)

Es ist bezeichnend, dass diese Ansichten bei unterschiedlichen indigenen Gruppen mit verschiedenen Sprachen in ganz ähnlichen Traditionen bewahrt worden sind. Sie vermögen uns auch viel über die gesellschaftlichen Bedingungen, die Lebensweise und Kultur im Wandel der Zeiten und über den Kontakt der verschiedenen indigenen Gruppen untereinander zu zeigen.

Einige Beispiele aus Erzähltraditionen bei verschiedenen ethnischen Gruppen im südmexikanischen Bundesstaat Oaxaca zeigen auch nach Verschriftlichung und Übersetzung große Unterschiede in Einzelheiten bei gleichen Motiven, was die Lebendigkeit eben dieser Traditionen zeigt. Es kann bei jeder Erzählsituation etwas hinzugefügt oder weggelassen worden sein oder erfährt eine andere Deutung durch den Erzähler und die Gemeinschaft der Zuhörenden. Zudem hat so manche Variante neben der Ähnlichkeit zur Lebenswelt der Menschen auch realitätsferne, märchenhafte Züge, die aber durchaus zur Erklärung realer Tatsachen dienen und deshalb gewählt worden sind.

Die unterschiedliche Begabung der Erzähler wird vor allem auch in Nebensätzen deutlich, in denen die natürlichen Umstände der beschriebenen Ereignisse oder auch die Charaktere der einzelnen Lebewesen wiedergegeben worden sind.

Bei der Verschriftlichung hat sich oft genug das schriftstellerische Talent des wissenschaftlichen Autors entfaltet und zuweilen den ursprünglichen Erzählmodus der mündlichen Tradition verändert. Dennoch zeigen manche der Beispiele, dass die schriftlichen Versionen einander keineswegs immer gleichen, also auch nicht als die nun eben festgeschriebene, einzig akzeptable Variante des Erzählgutes aufzufassen sind. Sie sind oft nur an einem historisch gegebenen Punkt in der Entwicklung der Traditionen aufgezeichnet worden, an dem die damals gegebenen Erfahrungen in einer Erzählung deutlich werden.

Glaubt man manchmal, die dargestellten Abläufe, die Motive und Ergebnisse wären gleich, kann es durchaus sein, dass man im Laufe des Berichtes auf eine erstaunlich andere Entwicklung der Ereignisse und Erklärungen trifft. So kann man sich oft genug nicht des Schmunzelns enthalten, da etwas ganz anderes an Einzelheiten hervorgehoben und in der Gemeinschaft beim Erzählen wichtig gewesen ist, als man erwartet hatte.

Es ist erstaunlich, wie solche Geschichten ausgehen können, auf welche Besonderheiten der vielfältigen Realität in den Varianten der Geschichten Wert gelegt wird, wer als Sieger aus den Konflikten hervorgeht und worauf sich die Anregungen zum Nachdenken und Verhalten richten.

Abb. 2: Tagezeichen Kaninchen, nahuatl: tochtli (Codex Laud, lám. 16)

Das Kaninchen, der Schelm, der allen anderen an Gewitztheit gewachsen scheint, wird in den Erzählungen einfach zum "Kaninchen", ohne dahinter eventuell überhaupt auf seine große Familie Bezug zu nehmen. "Kaninchen", im Spanischen conejo und in den verschiedenen indigenen Sprachen gemäß den Erzählungen unterschiedlich, wird wie ein Rufname behandelt. Selten genug wird in einer Handlung mehr als ein weiteres Individuum dieser Tiergattung nach dem in Erscheinung tretenden Ersten thematisiert. Auch handelt Kaninchen frei und ungefährdet von den normalen Zusammenhängen von "Fressen und Gefressen-werden" der in den Geschichten vorkommenden anderen Tiere. Es ist von Selbstsicherheit und Unverletzlichkeit geprägt, es prellt die anderen und wird zum Helden oder gar Sieger in Auseinandersetzungen stilisiert.

Abb. 3: Herr 10-Kaninchen-Jaguarfell
(Codex Bodley, p. 5)

Dabei ist in den alten Vorstellungen in Mexiko des Öfteren von den "Vierhundert Kaninchen" die Rede. Sie werden dann auch – aber wegen der künstlerischen Wiedergabe erneut vereinzelt – in einem offenen Krug dargestellt: dem Gefäß, in dem üblicherweise der Pulque, der vergorene, der fermentierte Agavensaft, gereicht wird. Dieses Gefäß wird als Trinkgefäß und zugleich als Mond verstanden: so hat man hier die Wiedergabe des Kaninchens im Mond. Zuweilen aber wird dieses Gefäß auch nur mit einem halbmond-förmigen Nasenschmuck dekoriert und so die Beziehung zum Mond angezeigt. Die Zahl 400 war gemäß dem in Altmexiko üblichen Vigesimalsystem (Rechnen nach Einheiten von Zwanzig) sowohl als reale Vierhundert zu verstehen, als auch als "unüberblickbar viele". Dies wird für die "Vierhundert Kaninchen" so ausgedeutet, dass eben die Kaninchen in großen Familienverbänden zusammenleben. Das jedoch spiegelt sich in den Geschichten von "Kaninchen" aus Oaxaca nicht wider. Es wird aber auch als Hinweis auf die vielen möglichen, die unterschiedlichen Formen der Trunkenheit interpretiert, die bei übermäßigem Pulque-Konsum auftreten könnten.

Abb. 4: Ein am Tag 2-Kaninchen
Geborener mit dem vorbestimm-
ten Schicksal des Trinkers
(Codex Florentino, lib. IV, fol. 252 r)

An den Gedanken und Handlungen von "Kaninchen" können Erzähler und Zuhörer
das "Allzu Menschliche" erkennen. Sie lernen, wie sich die einfachen, kleinen Tiere – und
dann auch eben die Menschen – verteidigen oder gegen die Großen, die Brutalen, Ge-
walttätigen oder zumindest Machtvollen durchzusetzen vermögen. Auch über sie wird in
den traditionellen Erzählungen wie mit einem Rufnamen als "Kojote", "Jaguar" oder
"Kaiman" vereinzelt berichtet.

Abb. 5: Ortsglyphe Tochtlan (Tuxtla, Puebla) = Am Kaninchen-
ort, am Ort, wo es viele Kaninchen gibt
(Matrícula de Tributos, lám. 28)

Kaninchen kann aber auch diejenigen übertrumpfen, welche die Situationen nicht zu
überblicken vermögen oder denen es an Aufmerksamkeit und Klugheit mangelt. "Kaninchen" ist, in die Welt der Tiere transponiert, das Symbol für die Aktivität der einfachen
Menschen, die sich gegen die Mächtigen zu verteidigen und zudem möglichst noch zu
behaupten suchen.

Abb. 6: Herr "Kaninchen", Don Domingo Cortés
Quapoltochin
(Codex Azoyú 2, fol.14)

Mythen um das Kaninchen im Mond sind recht vielfältig, haben Ähnlichkeiten und doch auch wieder große Unterschiede. Oft wird eine chaotische Zeit vor der gegenwärtigen beschrieben, in der Dinge geschehen, die bei den Menschen späterhin nicht passieren sollten, die Manches erst so verwandelten, wie es später in der Zeit der Geschichtenerzähler existierte und funktionierte, also einst seinen Ursprung hatte.

Es sind also Ursprungsmythen, die sich jedoch nicht allgemein um die Fragen nach dem Entstehen alles gegenwärtig Existierenden bemühen, sondern nur die Frage nach Sonne und Mond thematisieren, den beiden für die Menschen – eben im landwirtschaftlich geprägten Oaxaca – so wichtigen Himmelslichter. Dies erklärt sich auch aus der allgemein im alten Mexiko verbreiteten Vorstellung von mehreren vorherigen Welten, deren Untergang und danach der Entstehung einer jeweils neuen Welt, oft "Sonne" genannt.

Wie Sonne und Mond an ihren Platz in der Lebenswelt der Menschen gelangen und für sie da sind, das markiert in den hier zu betrachtenden Geschichten die Überwindung des in der Vorzeit vermuteten Chaos und die Schaffung der gelebten Gegenwart. In letzterer findet "Kaninchen" weiterhin Beachtung, da es aktiv ist, und zwar in den Auseinandersetzungen ums Überleben durchaus in erstaunlicher Brutalität gegenüber Tier und Mensch.

Abb. 7: Kaninchen als Schreiber,
Maya
(sog. Princeton-Gefäß)

Zuerst wird hier ein Beispiel des Mythos erzählt, wie er in ganzer Länge von einem namentlich bekannten Indigenen aus Oaxaca berichtet worden ist. Nur an einer bestimmten Stelle ist dabei zum Kaninchen im Mond eine Erklärung eingefügt:

Die Geschichte von Sonne und Mond, von dem Chinanteken Florentino López López aus Santiago Comaltepec *erzählt:*

Vor sehr langer Zeit, als es Sonne und Mond noch nicht gab, war da eine sehr arme Familie: eine Alte, die hexen konnte, und ein sehr kranker Alter, der immer auf seinem Lager dahingestreckt lag. Die Alte pflegte alle Tage fortzugehen, um Kräuter zu sammeln, damit sie etwas zu essen hätten.

Eines Tages ging sie wieder, um Kräuter zu suchen, damit sie sie als Essen zubereiten könnte. Als sie so zwischen den Kräutern hindurchging, sah sie plötzlich zwei Eier zwischen den Pflanzen liegen. Eines war weiß und das andere gelb. Die Alte sammelte sie auf, verwahrte sie zwischen den gesammelten Kräutern und ging heim.

Als sie zu ihrer Hütte kam, nahm sie einen kleinen Kochtopf, um die Kräuter zuzubereiten; aber da entsann sie sich der Eier und warf die beiden samt den Kräutern in den Topf.

Als sie den Topf pfeifen hörte, dachte sie: "Warum pfeift der Topf?" Da fielen ihr wieder die Eier ein und sie beeilte sich, sie herauszunehmen. Sie ließ sie an der Seite ihres Herdes liegen, denn sie gefielen ihr sehr. Aber man erzählt, dass das Wasser daher pfeift, weil es auf die Glut gestellt wird, zuerst nur ein wenig beim Erwärmen und später dann beim Sieden.

So ging die Alte alle Tage auf der Suche nach essbaren Kräutern weg, bis sie eines Tages sah, dass die Eier nicht mehr da waren. Plötzlich merkte sie eines Tages, als sie mit gesammelten Kräutern zurückkehrte, dass Kinder in der Nähe ihres Hauses gespielt hatten und dass sie sehr kleine Hütten aus Ästchen mit Dächern aus grünen Blättern gebaut hatten. Die Alte fragte sich: ‚Wer kommt zum Spielen zu meiner Hütte?'

Es waren Kinder in den Eiern geboren worden: aber sie wusste nicht, wer sie waren.

Eines Tages begab sie sich an einen Ort, wo sie lauschen konnte. Sie war nicht sehr weit entfernt auf ihrem Weg, Kräuter zu suchen. Wo konnte sie erkunden, wer jene waren? Sie lauschte und näherte sich und sah sie schließlich. Es waren ein Knabe und ein Mädchen. Als die Kinder die Alte sahen, fingen sie an davonzulaufen. Sie aber rief: "Rennt nicht weg, Kinder, ich bin eure Mutter." Die Kinder glaubten ihr und kehrten mit der Alten in ihre Hütte zurück. Als sie nun bei ihr waren, halfen sie, das Haus zu besorgen. Wenn die Alte wegging, um Kräuter zum Essen zu sammeln, übernahmen es die Kinder, dem kranken Alten zu essen zu geben. Die Kinder nannten ihn Vater Hirsch und die alte Hexe Mutter *Tepescuintle* [Paca, eine besondere Rattenart].

Die Kinder wuchsen sehr rasch heran; und als sie schon fast groß waren, begannen sie, etwas zu suchen, was es in den Lianen gab, die auf den Eichen wuchsen. Die Kinder schnitten diese Samen ab und kochten sie. Als sie gekocht waren, wuschen sie sie, und da kam auch schon der Schleim heraus. Dieser Schleim ist klebrig und dient dazu, Vögel zu fangen. Die Menschen von heute benutzen ihn noch.

Die mutwilligen Kinder begannen, Vögel zu jagen. Und damit beschäftigten sie sich jeden Tag und fingen sehr viele Vögel. Immer trugen sie Netze und füllten sie mit Vögeln. Die Mutter Tepescuintle war sehr zufrieden, denn sie aß nun jeden Tag Vögel und keine Kräuter mehr. Eines Tages aber sagten die Kinder zu Mutter Tepescuintle: "Die Vögel sind schon selten geworden, da müssen wir jetzt weiter weg gehen." "Bitte, geht nicht auf die andere Seite des Flusses!" sagte die Alte zu den Kindern und nannte jene Stelle *cuaa*, was ,heißes Land' bedeutet. Sie nannte sie auch *llano*, ,wo der Mahlstein ist', denn die alte Hexe wusste, dass an jenem Ort der Herr der Vögel weilte. Daher wollte sie nicht, dass die Kinder sich bis dorthin vorwagten.

Da sich aber die Kinder schon groß fühlten, sagten sie mit großem Nachdruck zueinander: "Nun denn, wir werden den Ort ansehen, von dem die Mutter spricht; mal sehen, was uns dort widerfährt." Und sie zogen los. Sie überquerten den Fluss und gelangten an den verbotenen Ort. Dort suchten sie Stöcke, um Leim darauf zu streichen, hängten sie auf und fingen so viele Vögel. Das Netz füllte sich, es füllte sich der Hut und es füllte sich auch die Schürze des Mädchens und sie gingen los. Sie waren erst wenig gegangen, als sie eine Stimme von oben aus den Bäumen sagen hörten: "Kinder, wohin geht ihr mit meinesgleichen?"

Die Kinder wandten ihre Gesichter aufwärts und sahen einen sehr großen Vogel, der ihnen zurief: "Lasst meinesgleichen frei! Wenn ihr sie nicht freilasst, töte ich euch. Ihr ernährt damit die alte Tepescuintle; das ist nicht eure Mutter. Eure Mutter starb an derjenigen Seite des Flusses, wo die alte Tepescuintle die Eier gefunden hat."

Aus diesem Grunde respektierten die Kinder, als sie diese Worte des Vogels gehört hatten, die Mutter Tepescuintle fortan nicht mehr. Die Kinder erschraken sehr und der Knabe sagte zu dem Vogel: "Aber wie können wir sie veranlassen, dass sie wegfliegen, wenn alle tot sind?"

"Seht!" antwortete der große Vogel, "holt die größten Vögel heraus, haucht ihnen unter die Flügel und ihr werdet sehen, dass sie sich wiederbeleben." So machten es die Kinder: sie nahmen die größten heraus, hauchten ihnen unter die Flügel und alle wurden wieder lebendig und flogen davon. Die Kinder hatten schließlich keinen Vogel mehr und ärgerten sich sehr darüber.

Als sie nach Hause kamen, waren die beiden, der Knabe und das Mädchen, sehr wütend und gehorchten der alten Hexe nicht mehr. Sie behandelten sie schlecht und wollten sofort davongehen. Die Alte sagte ihnen: "Geht nicht weg, ich bin eure Mutter." "Du bist nicht unsere Mutter", sagten die Kinder. "Unsere Mutter starb an jenem Flussufer."

Mutter Tepescuintle wollte nicht, dass die Kinder wegliefen, und die Kinder waren damit einverstanden, noch einen Tag zu bleiben, jedoch nicht länger. Aber diesen Tag, den sie blieben, planten sie allerhand Sonderbares, während die alte Hexe Kräuter zum Essen suchen ging, denn es gab ja keine Vögel mehr. Als sie nicht zu Hause war, beschlossen sie, den alten Hirsch zu töten; und so machten sie es denn auch: sie töteten ihn, holten seine Eingeweide heraus und füllten ihn stattdessen mit Wespen. Damit man nichts merken sollte, verschlossen sie den Bauch des Alten mit einer Hirschhaut. Die Innereien kochten sie, bereiteten daraus ein sehr schmackhaftes Gericht, um es der Hexe zu essen zu geben, wenn sie zurückkommen würde. Während die Innereien kochten, bereiteten sie einen Brei aus *Jonote* [dem Rindenbast des Jonote-Baumes] und schütteten ihn in einen Topf, den sie oberhalb der Lagerstatt hinstellten. Als die Hexe kam, führten sie sie hinters Licht, indem sie ihr sagten, dass sie ein Tier gefangen hätten.

"Setz dich, Mutter, wir werden dir das Fleisch in den Mund schieben und du kannst es essen." "Ja!" sagte die Alte. Sie setzte sich und die Kinder befahlen ihr, die Augen zu schließen. Sie schoben ihr das Fleisch in den Mund und eines der Kinder fragte: "Wie ist es, Mutter?" "Es ist sehr schmackhaft", antwortete die Hexe, ohne zu ahnen, dass sie die Innereien ihres alten Hirsches aß.

"Nun solltest du meinem Vater von dem Fleisch geben, damit er etwas davon isst", sagte der Knabe zu der Alten. "Sehr gut!" sagte die Alte. Dann kletterte sie auf die Schlafstatt, und als sie dorthin gelangte, wo ihr Alter lag, und ihn anrief, antwortete er nicht, denn er war ja tot. Die Alte wollte ihn schlagen und da kamen die Wespen hervor und stachen sie fast am ganzen Körper. Sie wollte schnell herabsteigen, aber der Topf mit dem Brei fiel hinab und die Leiter wurde so glitschig, dass die Hexe auch fiel.

Als die Kinder sahen, dass sie hinfiel, rannten sie davon, denn dies war ihre Absicht gewesen. Die Alte sagte noch zu den Kindern: "Rennt nicht davon, rennt doch nicht!" Aber die Kinder machten sich nichts daraus und verließen die Alte. Sie beschlossen wegzugehen, denn sie wussten ja bereits, dass die Hexe nicht ihre Mutter war. So zogen sie über Land und warteten darauf, dass sie ihr Schicksal ereilte.

Eines Tages gelangten sie in ein kleines Dorf und die Bewohner des Dorfes erzählten ihnen, dass es nicht weit entfernt einen Berg gäbe und dort lebe ein Adler, der Jungfrauen zu rauben pflegte. Er pflegte sie auf einen Felsen zu schleppen, wo es eine Höhle gab, und dort fraß er sie gewöhnlich auf.

Der Knabe unterrichtete sich über alles, was die Dorfbewohner sagten, und die beiden machten einen Plan, wie sie den Adler töten könnten. Der Knabe stellte einen kleinen Käfig her, um darin das Mädchen zu verstecken. Sie begaben sich ins Gebirge, und als sie an den gefährlichen Ort gelangten, steckte der Knabe sein Schwesterchen in den Käfig und verschnürte ihn mit Seilen. Auf diese Art würde der Adler das Mädchen mitsamt dem Käfig ergreifen; darunter aber hing ein sehr langes Seil und an dessen Ende würde der Knabe hängen.

Wenn der Adler das Mädchen mit allem und dem Käfig aufhob, war der Knabe darunter versteckt; er würde das Seil am Ende gepackt halten und für den Augenblick bereit sein, in dem der Adler kommen würde. Etwas später kam der Adler und nahm das Mädchen mit seinem Schnabel auf und der Knabe hing am Ende des Seils und es gelang ihm, auch bis zu der Höhle zu kommen, wo der Adler eine ganze Anzahl Mädchen gefangen hielt, die er im Gebirge geraubt hatte.

Als er dort war, sah der Knabe, wie sich der Adler, nachdem er ein Mädchen verschlungen hatte, zum Schlafen bereit machte. Der Knabe, der sich sehr gut mit seinem Messer ausgerüstet hatte, zog es hervor, als er sah, dass der Adler schlief, und schnitt ihm die Kehle durch, so dass der Adler starb.

Sehr zufrieden waren alle die Mädchen, die am Leben geblieben waren, denn es gab einige, die schon vor Hunger gestorben waren. Weil sie nicht wussten, wie sie die Höhle verlassen sollten, rief der Knabe eine Taube. Als eine Taube herbeikam, sagte der Knabe zu ihr: "Sieh zu, dass du den Samen desjenigen Baumes frisst, der sehr hoch hinauf wächst, und komm und kacke nahe bei dem Felsen hin." "Ja!" sagte die Taube. Sie verschwand, um zu fressen, und als sie zurückkam, fragte sie den Knaben: "Wo soll ich hinkacken, König?"

"Dort direkt bei dem Felsen, damit der Baum schnell wachsen möge." Die Taube kackte; aber sie kackte trocken und ihr Exkrement nützte nichts; es wurde kein Baum geboren. "Mache dich davon, denn deine Kacke nützt nichts!" – und die Taube flog davon.

Der Knabe rief die Fledermaus. Die Fledermaus kam und der Knabe sagte zu der Fledermaus: "Fliege los und friss den Samen der größten Bäume und komm zurück. Um direkt dort an den Felsen zu kacken." "Ja!" sagte die Fledermaus. Sie flog davon, um den Samen zu fressen, und als sie zurückkam, sagte sie zu dem Knaben: "Wohin soll ich kacken, König?" "Dort, direkt an den Felsen."

Die Fledermaus kackte flüssig und der Samen klebte an der Erde; rasch wuchs ein sehr hoher Baum. Der Wipfel reichte bis dorthin, wo die Mädchen standen. Der Knabe befahl, dass sie alle sehr schnell hinabklettern sollten. Die Mädchen waren sehr dankbar, so dass sie, als sie schon unten waren, dem Knaben und dem Mädchen ihren Dank abstatteten.

Als der Knabe den Adler tötete, hob er den Kopf des Adlers auf und warf ihn in seinen Beutel. Als der Knabe sich außerhalb der Höhle befand, nahm er ihn heraus und riss dem Adler die Augen aus. Das rechte Auge gefiel ihm mehr, daher behielt er es, und das linke gab er dem Mädchen. Daher gibt heute die Sonne mehr Licht, denn sie nutzt das rechte Adlerauge, und der Mond gibt weniger Licht, denn er nutzt das linke Auge.

Nachdem der Knabe und das Mädchen die Augen schon unter sich aufgeteilt hatten, begannen sie zu spielen. Der Knabe legte das rechte Auge auf einen Stein und wandte sich wieder dem Spiel zu. Plötzlich sah er, dass das rechte Adlerauge nicht mehr auf dem Stein lag, wo er es hingelegt hatte. Der Knabe gab dem Mädchen die Schuld, denn er glaubte, sie habe das rechte Auge eingesteckt, und er wollte sie daher schlagen. Aber nahe der Stelle, wo sie gespielt hatten, saß ein magerer Falke; dieser sagte zu ihnen: "Das Mädchen hat dir nicht das rechte Auge gestohlen; eine Eidechse, die unter dem Stein versteckt gesessen hatte, hat das rechte Auge verschlungen." Als er dies hörte, drehte der Knabe, ohne länger zu warten, den Stein um und dort war die Eidechse mit ihrem vollen Bauch, denn die hatte das rechte Auge des Adlers verschlungen. Da tötete der Knabe sie, öffnete ihren Bauch und nahm das rechte Auge heraus; danach dankte er dem Falken und sagte zu ihm: "Da hast du dein Fleisch!" und warf die tote Eidechse dorthin, wo der Falke saß, und sagte zu ihm: "Dies ist dein Fleisch für dein ganzes Leben." Deswegen fressen die mageren Falken von heute Eidechsen und schreien immer im Winter.

Die Kinder zogen weiter und begannen, die Leute von damals zu fragen, welchen Weg sie auf ihrem Marsch nehmen sollten. Aber die Leute wollten es ihnen aus Boshaftigkeit nicht sagen und sagten ihnen nur: "Mir ist es gleichgültig, wohin ihr geht. Ihr seid Waisenkinder." "Gut denn", antwortete ihnen der Knabe, "ihr werdet späterhin leiden; ihr werdet von oben hinunterfallen, euch die Beine brechen und an euren Leibern Schaden nehmen."

Dann setzten sie ihren Weg fort, und als sie andere Leute trafen, fragten sie diese. "Welchen Weg sollen wir nehmen?" Und einige antworteten ihnen ordentlich und sagten ihnen: "Oh, mein König. Nehmt diesen Weg und ihr werdet an den und den Ort kommen." "Gut denn" antwortete ihnen der Knabe, "ihr werdet späterhin mit Vorsicht hinabsteigen; ihr werdet mit Netzen und Säcken hinabgelangen."

Dies alles sagte der Knabe denen, die anständig antworteten, denn damals waren die Früchte Leute, die sich in Früchte verwandeln würden. So waren die [Früchte] Mamey, die Chinene und die schwarze Zapote Leute, die damals dem Knaben und dem Mädchen schlechte Antworten gaben. Die Leute, die den Kindern damals gut antworteten, sind heute Früchte, die man mit Bedacht abschneidet. Der kleine Avocado, die Pfirsiche, Äpfel, Birnen und die Moco-Granaditas sind heute Früchte, die man mit Netzen und *Tenates* [Körben] herabholt.

Die Kinder folgten ihrem Weg, bis sie eines Tages an einem Ort ankamen, wo es kein Wasser gab, und das Mädchen sagte zu dem Knaben: "Ich habe großen Durst." "Ich auch," antwortete der Knabe, "ich werde gleich dafür sorgen, dass Wasser hervorsprudelt." So machte es der Knabe denn auch. Er riss ein Büschel trockenen Grases heraus, und dort brach das Wasser hervor. Das Mädchen aber hatte großen Durst und wollte sofort Wasser trinken. Der Knabe sagte ihm: "Nein! Warte, denn das Wasser muss gesegnet werden. Ich werde den Pater rufen, damit der das Wasser weiht."

Der Knabe ging los; das Mädchen hatte solchen Durst, dass es zu sich selbst sagte, "ich werde Wasser trinken, während mein Brüderchen mich nicht sieht." Das Mädchen trank Wasser und nach einer Weile kehrte der Knabe zurück. Er trug auf seinem Arm ein Kaninchen, das der Priester war. Da bemerkte er, dass das Mädchen schon Wasser getrunken hatte und sagte zu ihm: "Du hast schon Wasser getrunken, nicht wahr?" "Nein, ich habe nichts getrunken." "Wie denn nicht!" sagte er Knabe erzürnt. "Jetzt kann der Priester das Wasser nicht weihen, weil du schon getrunken hast."

Der Knabe wurde sehr ärgerlich und warf dem Mädchen das Kaninchen ins Gesicht. Deshalb hat der Mond einen schwarzen Fleck in Gestalt eines Kaninchens im Gesicht.

So setzten die Kinder ihren Marsch fort. Obwohl sie schon wussten, dass sie nahe daran waren, zu ihrem Bestimmungsort aufzusteigen, fuhren sie fort, die Leute zu fragen: "Wisst ihr, wer dort hinaufsteigen wird?" "Ihr, mein König", antworteten ihnen die Leute.

Und sie fuhren fort zu wandern und zu fragen: "Wer wird dort hinaufsteigen?" "Ihr", antworteten andere.

Schließlich näherte sich ihnen ein *cuche* [Schwein], und das ‚cuche' sagte ihnen: "Ihr werdet nicht hinaufsteigen. Ich werde dort hinaufsteigen!" "Verschwinde, du taugst zu gar nichts", sagte ihm der Knabe und gab ihm einen Schlag auf die Schnauze. Deshalb hat das Schwein einen plattgedrückten Rüssel, weil der Knabe es nämlich geschlagen hat.

Die Kinder gingen weiter, bis eines Tages der Knabe aufstieg, und da gab es schon die Sonne, und eines Nachts das Mädchen aufstieg und schon gab es den Mond!

(In: Narrativas Chinantecas. Comité de Santiago Comaltepec GADE, A. C. (Grupo de Apoyo al Desarrollo Etnico de Oaxaca 1988: 9-18).

In dieser Erzählung wie in vielen anderen ist deutlich zu erkennen, wie die Rollenverteilung zwischen den Geschlechtern bei den Indigenen in Oaxaca war – und weit darüber hinaus in Mesoamerika: der männliche Partner hatte das Sagen, handelte und veränderte so aktiv die entsprechenden Situationen; die rechte Seite war die seine, wurde als vor der linken vorrangig betrachtet. Deutlich wird das allgemein bei der bevorzugten Darstellung der rechten Hand und in diesem Falle bei den als Lichtquellen wichtigen Augen des Adlers: das rechte war heller, intensiver und stand den Gepflogenheiten entsprechend dem Manne zu. Das linke wurde dem weiblichen Wesen zugebilligt.

Abb. 8: Mythische Jahreszahlen, unter anderem 6-Kaninchen und 2-Kaninchen
(Tira de Peregrinación, lám. 6)

In einem **Mythos von Sonne und Mond bei den Mixe, wiedergegeben durch Engracia Pérez Castro in der Gemeinde St. María Ocotepec; Totontepec, Mixe**
heißt es dazu ganz speziell:

… Die Kinder stiegen weiter hinauf und der Knabe verwandelte sich in den Mond und das Mädchen in die Sonne. So wäre es geblieben; aber als man sah, dass die Sonne die Nacht stärker erhellte und der Mond während des Tages sehr schwach leuchtete, kamen sie überein, dass der Knabe besser die Sonne und das Mädchen der Mond wäre.

Deshalb sagt man, dass die Sonne sehr stark strahlt, denn die wurde ein Mann, und der Mond sehr gering, weil er eine Frau wurde. Hier endet die Geschichte vom Sonnenmann und der Mondfrau.

(El Ciclo mítico de los hermanos gemelos sol y luna en las tradiciones de las culturas oaxaqueñas. Ed. Miguel Alberto Bartolomé, Oaxaca 1984: 22-24)

Die Schwester, welche die Mondfrau werden würde, war die Schwächere und störte nur durch ihre Bedürfnisse die Aktivitäten und Entscheidungen des Mannes. Wenn der Mann sich auch um sie kümmerte und ihre Bedürfnisse zu befriedigen suchte, so war er doch oft deswegen verärgert und strafte sie sogar selbst mit körperlicher Gewalt. Jedoch war es nicht immer der Mann, der durch diese Strafaktionen die Existenz und Art des Agierens der Frau beeinflusste. Manches erreichte letztere auch durch heimliche Reaktionen, wie man immer wieder in den Erzählungen als einer Widerspiegelung des täglichen Lebens in den Gemeinschaften entdecken kann. Es lohnt sich daher, dieses Mit- und Gegeneinander der Geschlechter, aber auch der Vertreter verschiedener sozialer Gruppen und deren Konflikte zu beobachten. Damit wird zudem in diesem Erzählgut zweifelsohne eine – manchmal karikaturenhafte – Widerspiegelung der in den indigenen Gesellschaften verbreiteten Wertvorstellungen sichtbar.

Abb. 9: Steinscheibe mit der Darstellung der Sonne und an deren Rand dem Mondkaninchen, um 1500 u.Z.
(Museo de Antropología, México CDMX)

Nicht immer waren die Geschwister, welche sich in diesen Ursprungsmythen in Sonne und Mond verwandelten, jedoch unterschiedlichen Geschlechts, also der Bruder die Sonne, die Schwester der Mond. Nicht immer wurde eine Erklärung für die Mondflecke in Form eines Kaninchens gegeben. Wahrscheinlich war diese Interpretation so offensichtlich und weithin bekannt – und zwar bei den verschiedenen indigenen Gruppen mit unterschiedlichen Sprachen –, dass sie manchmal gar keiner Erwähnung mehr bedurfte.
Interessant ist, dass die aktiven Kinder oder Jugendlichen auch Brüder sein konnten, ebenfalls bevorzugt als Zwillinge aufgefasst. Dann war der Streit um das stärker leuchtende erbeutete Auge eventuell sogar das Hauptmotiv des Mythos, wurde auch von der Spannung zwischen dem Älteren und dem Jüngeren – eben selbst bei Zwillingen – geprägt und hatte noch eine zusätzliche moralische Komponente.
Dafür gibt es folgendes Beispiel:

Mythos von Sonne und Mond
bei den Zapoteken des Isthmus von Tehuantepec:

Am Anfang herrschte Dunkelheit; die Menschen leuchteten sich mit Lagerfeuern aus *Ocote*-Holz [harzreichem Kiefernholz] und beständig sahen sie sich gezwungen, diese Feuer mit dicken Stämmen aus dem Gebirgswald zu füttern, damit sie nicht völlig im Dunkeln blieben. Diese Bedingungen ausnutzend, dass es viel Schatten gab, fraß eine große Schlange mit sieben Köpfen Menschen und Tiere.

Damals erschienen zwei kräftige und tapfere Jünglinge, die sich vornahmen, die Schlange zu töten. "Du greifst sie von der rechten Seite an", sagte der Jüngere zum anderen, "und ich von der linken." Und daraufhin schlugen sie zwei große Ocote-Kiefern um, die sie wie zwei gewaltige Keulen gegen die sieben Köpfe des Ungetüms schwangen. Es entbrannte ein wilder Kampf, in dem es für Augenblicke so schien, als fielen die tapferen Angreifer gleich zwischen die vielen Rachen des schrecklichen Drachens. Das Ungeheuer wurde jedoch durch den gewaltigen Angriff der kühnen Ritter besiegt. Es fiel in einen Todeskrampf. Aber das Sterben dauerte so lange, dass die zwei Jünglinge sieben große Lagerfeuer entzündeten, und darin verglühten große Gesteinsbrocken, die sie aus dem Gebirge herausgerissen hatten, und als sie so rot wie glühende Kohlen waren, warfen sie diese in jeden der sieben Rachen des wilden Ungeheuers.

Als sie begriffen, dass das Tier schon tot war, entschieden sie, dass eine Mücke sich davon überzeugen sollte, dass die große Schlange überwunden wäre. Die Mücke drang daraufhin durch einen der Rachen ein und kroch im Leib des besiegten Ungetüms umher; und sie kam heraus und sagte: "Die Schlange ist mit aller Sicherheit tot:"

Sofort stritten die Jünglinge um die größten Augen des wilden Tieres, die sich im mittleren Kopf befanden. Bei dem Kampf gelang es dem Jüngeren, sich des rechten Auges zu bemächtigen, während der Ältere das linke ergriff. – Dieser erkletterte einen der höchsten Ocote-Bäume des Gebirges, befestigte über seinem Kopf an der Spitze des am weitesten herausragenden Astes das linke Auge des Drachens und stimmte einen Triumphgesang an! Und das Auge verbreitete ein sanftes und fahles Licht, das den höchst erstaunten Wald mit silbernem Glanz übergoss.

"Sieh", sagte er zu seinem Bruder, "wie hübsch es glänzt!"

Daraufhin erklomm der Jüngere seinerseits einen anderen Baum und tat das Gleiche mit dem rechten Auge des Drachens. Aber dieses Auge sandte Fluten von lebhaftem und warmem Licht aus, das den Weltkreis erhellte und bei allen Lebewesen Freude auslöste.

"Gib mir dieses Auge", sagte der Ältere zu seinem Bruder. "Das Auge gehört mir, denn ich bin der Stärkere und ich habe größere Kräfte im Kampf entfaltet. Ich werde den ehrenhaften Menschen bei ihrer Arbeit leuchten und werde sehen, dass sie Gutes tun und sich gegenseitig unterstützen; und du nimmst jenes, um den Bösen zu leuchten, den Dieben und Räubern und all dem Unheilvollen, das sich im Schatten versteckt."

Sie stritten miteinander und der Jüngere wollte das Auge nicht hergeben, das er ergriffen hatte. Der ältere Bruder wurde wütend, und weil er die Gewässer beherrschte, befahl er, dass es nicht mehr regne. Die Flüsse, die Bäche und Quellen trockneten aus.

Der jüngere Bruder bekam Durst. "Wasser, mein Bruder", schrie er, als er es nicht mehr aushalten konnte. "Ich gebe nach! Nimm das rechte Auge, nimm es, Bruder", sagte er, "aber gib mir zu trinken!"

Sie tauschten, und ein Donner hallte in den Gebirgstälern wider. Es begann zu regnen.

Seit damals hat es keinen Streit mehr zwischen ihnen gegeben, der ältere Bruder, dem das rechte Auge zufiel, wurde die Sonne und diente daraufhin dazu, den ehrbaren und arbeitsamen Menschen zu leuchten; und der Jüngere behielt das linke Auge und wurde der Mond, um den Ruchlosen, den Dieben und Zauberern die Nacht zu erhellen.

(nach Wilfredo C. Cruz: El Mito y la Leyenda Zapotecos, Oaxaca 1935: 124-125)

Abb. 10: Gott Tepeyollotl = Herz des Berges als 8. Herr der Nacht mit dem Tageszeichen Kaninchen (Codex Vaticanus B (3773) p. 23)

Interessant ist aber auch der
Mythos von Sonne und Mond
in einer Variante, wie sie ebenfalls beispielsweise von den **Zapoteken des Isthmus von Tehuantepec** *erzählt wird:*

Sonne und Mond waren Geschwister, sie waren Waisenkinder. Sie zogen auf der Suche nach einem Winkel in einem *Jacal* [einer Hütte] und ihrem täglichen Lebensunterhalt in der Welt umher. Eines Tages trafen sie auf einen Herrn, der sie im Verhältnis zu dem, was ihre gastliche Aufnahme kostete, zu schwer arbeiten ließ. Wie weinten die Geschwister da! Nach den körperlichen Anstrengungen des Tages mussten sie sich gegenseitig die Dornen aus den Füßen ziehen, bevor sie ausruhen konnten. Der ruchlose Herr entließ sie unter dem Vorwand, dass sie faul seien. Er tat es aber, weil er ihnen nicht mehr zu essen geben wollte.

Die beiden Waisen zogen lange umher, bis sie schließlich in einem Land haltmachten, das ein Zwerg regierte. Obwohl klein von Gestalt hatte er doch ein großes Herz. Die Leute erzählten, dass der König arm gewesen war, und wegen der Leiden seines einstigen Lebens wusste er die Elenden gut zu behandeln. Der König empfing jene Waisen mit offenen Armen. Er bewirtete sie am Tage ihrer Ankunft mit einem Schokoladentrank, Maisklößen und Äpfeln.

Eines Tages gingen die Kinder hinaus, um über den Wiesengrund zu spazieren. Sie hielten sich bei den Händen. Sie sprangen umher. Aber das Mondmädchen sah in der Ferne am Wegesrand, unter ein Gebüsch geduckt, ein Kaninchen. Und sie sagte nichts zu ihrem Bruder Sonne.

Mond wollte das Kaninchen für sich allein haben. Bei einem Galoppsprung riss sie sich von der Hand des Gefährten los, der seine kindlichen Spiele fortsetzte. Sonne lief voran und Mond blieb mit List immer weiter zurück, und als sie an dem Gebüsch vorbeikam, packte sie das Kaninchen und verbarg es in ihrem Schoß.

Seither, und dies liegt sehr viele Jahre zurück, hat Mond auf dem weiten Wiesengrund des Himmels Sonne nicht in seinem Lauf einholen können. Sie tröstet ihren Schmerz damit, das Kaninchen zu liebkosen, das sie begleitet.

(nach Wilfredo C. Cruz: El Mito y la Leyenda Zapotecos, Oaxaca 1935: 126-127)

Abb. 11: Symbol für den Herzopfertod: ein Kaninchen, das aus dem Herzen hervorgeht (Codex Cospi, lám. 29)

Mythen und Riten standen stets mit den Erscheinungen in der Welt außerhalb der menschlichen Gemeinschaft in Zusammenhang, erklärten die engere und weitere Umwelt und bemühten sich um eine Einflussnahme auf das tägliche Leben wie auf Ausnahmesituationen, mit denen die Menschen fertig werden müssten.

Mit dem ursprünglichen Erscheinen und der Auseinandersetzung von Sonne und Mond wurden allgemein die Konflikte zwischen den Geschlechtern in einem Gemeinwesen in Beziehung gesetzt: so wurden beispielsweise bei den

Zapoteken von Zanatepec
Sonnen- und Mondfinsternis

erklärt und Verhaltensweisen der Menschen abgeleitet. Allerdings spielte hier das Kaninchen mal keine Rolle:

Die Alten von Zanatepec pflegten zu sagen, dass Sonne und Mond zu Beginn den ganzen Tag und eine Nacht gekämpft hatten und dass von diesem ersten Mal her alle Partei ergriffen und ihrem Geschlecht entsprechend jeweils dem einen oder anderen helfen.

So geschah es, wenn die Mondfrau sich erzürnte und in ihrer Wut drohte, den Sonnenmann aufzufressen; dann machten alle Männer den größtmöglichen Lärm, die einen mit Flöten, andere mit Holztrommeln und wieder andere mit Tontöpfen oder auch nur einfach mit den Händen und dem Mund, um den Sonnenmann zu ermutigen, dass er die Mondfrau besiege. Andernfalls würde Zanatepec ohne Männer bleiben und der Tag ohne Sonne.

Gleiches geschah, wenn die Wut auf Seiten des Sonnenmannes war und der Kampf ein nächtlicher. Dann fühlten sich alle Frauen verpflichtet, die Mondfrau mit Liedern zu unterstützen. Wenn es so war, ergriffen einige Vorsichtsmaßregeln, bevor sie das taten. So kleideten sich die Schwangeren alle in Rot, damit während des Kampfes der Sonnenmann die Wesen in ihrem Inneren nicht verstümmele. Sie trachteten auch danach, im Innern der Häuser zu bleiben, während sie für den Sieg der Mondfrau sangen, und vermieden es, aus ihrem verschlossenen Raum zum Himmel zu schauen, wie es alle die übrigen tun mussten. Hätten sie es getan, wären ihre Kinder mit trüben Augen geboren worden.

Denjenigen Mädchen, die noch sehr klein waren, umwand man den Kopf mit einem ebenfalls roten Streifen, bevor man sie in den Hof hinaustrug, damit sie nicht den Verstand oder die Sprache verlören, wenn sie groß wären.

Das ist es, was man in Zanatepec tat, als Sonne und Mond sich zum ersten Mal bekämpften. Und dies ist es, was die Eltern die Kinder lehrten, das sie tun sollten, wenn der himmlische Streit entflammte.

(nach Dionisio Hernández Ramos, in: Guchachi' Reza No. 41: Juchitán 1993: 16)

Abb. 12: Der Gott Quetzalcoatl , mit einem Ka-
ninchenfell als einer der Pulquegötter verkleidet
(Pulquegefäß "Bilimek")

In dem
Mythos über die Entstehung von Sonne und Mond
bei den Chatinos
*wird erzählt, wie sich die Brüder, die später als Sonne und Mond an den Himmel gelangten, in einer
recht chaotischen Welt behaupten mussten. Dort heißt es unter anderem, dass diese beiden im Knabenalter
für Pflegeeltern zu arbeiten hatten. Und dabei passierte Folgendes:*

… und am nächsten Tag bat sie die Alte, dass sie gingen, **Zacate**-Kräuter [vor allem
harte Gräser] zu schneiden, damit sie sie ihrem Gemahl bringen könnte; sie sagte, dass
ihr Gemahl nur Gemüse aß. Daraufhin gingen die Geschwister aufs Feld und machten
ein Schwert aus Holz, um Kräuter zu schneiden. Sie machten sich daran, die Kräuter mit
solcher Kraft abzuschneiden, dass sich ein Kaninchen erschrak und Mond ins Gesicht
sprang; der Schlag war so stark, dass das Kaninchen ins Gesicht von Mond eingedrückt
blieb; deshalb hat Heiliger Mond bis heute ein Kaninchen in sein Gesicht geprägt.

*(Mythos von Sonne und Mond bei den Chatinos. Ciclo de Los Gemelos, entnommen dem Werk von
Miguel Bartolomé und Alicia Barabas. Tierra de la palabra, historia y etnografía de los chantinos de
Oaxaca. Colección Científica No. 108. INAH; 1982).*

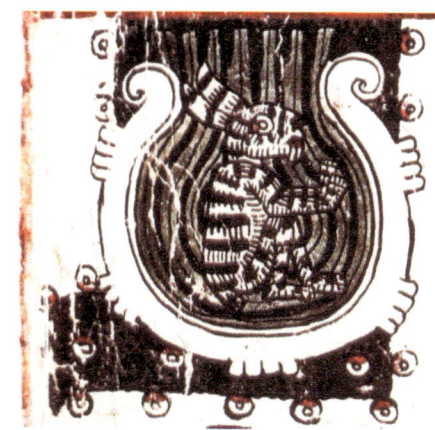

Abb. 13: Kaninchen im Mond, dem Pulquetopf,
aber seitenverkehrt dargestellt
(Codex Borgia, lám. 55)

Von dem
Mythos vom **Ursprung von Sonne und Mond**
bei den **Triqui**
wird unter anderem eine Begebenheit erzählt, die in den dort gängigen Varianten nicht erwähnt wird,
nämlich Folgendes:

… dass der Mond ein Kaninchen ‚mit einem einzigen Bissen' verschluckte, während er auf der Erde weilte, nachdem er von Ca'raj [der Alten, welche die Kinder aufzog, die sich später eben in Sonne und Mond verwandelten und zum Himmel aufstiegen] aus dem Fluss gefischt worden war. Deshalb sieht man im Mond in Vollmondnächten ein Kaninchen.

(Mythos über den Ursprung von Sonne und Mond, entnommen dem Werk von Agustín García Alcat-
raz: Tinujel, Los Triques de Copala, Comisión de Río Balsas 1973).

Abb. 14: Kaninchen im Mond, dem Pulquetopf
(Codex Vaticanus B (3773), lám. 29)

So hatte das Kaninchen eben nicht nur als Tier, das man jagen und von dem man sich ernähren konnte, Aufmerksamkeit erregt, sondern eine besondere Individualisierung als Lebewesen in der Umwelt der Menschen erfahren. Dies zeigt sich bemerkenswerter Weise in einem Rätsel, das man mexikanischen Kindern stellt und das den Charakter und die Agilität des Tieres hervorhebt. Hier sei wegen des Reims und Rhythmus die spanischsprachige Version vorangestellt:

Tengo un animalito / muy correloncito / que salta y que salta / porque es muy bonito. (OJENOC)

= Ich habe ein kleines Tier, das sehr schnell läuft [in Mexiko: dusselig, mutlos ist], das springt und springt, denn es ist sehr hübsch. (NEHCNINAK).

(aus: Ma. del Socorro Caballero A.: Adivinanzas, México 2000: 12). Irgendwie fehlt uns die Logik in diesem Rätsel, aber mexikanische Kinder mochten es gelöst haben.

Abb. 15: Kaninchen, Maya-Glyphe auf der Tafel der 96 Glyphen in Palenque

So klein nun mal das Kaninchen ist, taucht es in den mexikanischen Volkstraditionen hier und dort immer wieder einmal auf, dem ihm zuerkannten Charakter entsprechend voller Tricks und Schelmenstreiche. Das betrifft eben nicht nur die hier bereits vorgestellten längeren Erzählungen, sondern auch Kurzformen der Folklore, wie beispielsweise Sprichwörter. Sie sind insofern interessant, als sie in der mexikanischen Welt etwas widerspiegeln, was uns gar nicht so vertraut ist. Aber sie können eben auch mit dem "Kaninchen" als Schelm, als trickreiches oder von den Menschen leicht zu beherrschendes Tier Situationen vermitteln, welche die Verhältnisse der Menschen untereinander – in gewisser Weise verschlüsselt – karikieren. Wegen des Rhythmus sind sie hier auch in spanischer Sprache aufgeführt:

Ten en tu casa perritos, y te cogerán conejos; pero para andar a gusto, ensilla caballos viejos.

= Habe kleine Hunde in deinem Haus und sie werden dir Kaninchen fangen; aber um auszugehen, sattle alte Pferde.

Después de conejo ido, pedradas al matorral. = Después del conejo ido, palotazos al viento.

= Wenn das Kaninchen (weg)gelaufen ist, gibt es Steinwürfe ins Gebüsch. = Wenn das Kaninchen weg ist, gibt es Hörnerstöße in den Wind.

Es ist dann also irgendwann zu spät, etwas zu unternehmen.

(Herón Pérez Martínez: Los refranes del hablar mexicano en el siglo XX. Zamora, Michoacán)

Abb. 16: Drei der 400 Pulque-Kaninchen
(Codex Florentino, lib. II fol. 143 v)

Im Erzählgut der indigenen Gruppen von Oaxaca spielen diejenigen Geschichten eine besondere Rolle, die zuweilen beinahe den Charakter von Karikaturen annehmen. Sie richten das Zusammenwirken von Tieren und Menschen, vergleichbar Tierfabeln, auf das Charakteristische und verwischen dabei durchaus die Sphären zwischen der Menschenwelt und derjenigen der Tiere. In diesem Zusammenhang nimmt Kaninchen in den hier betrachteten Erzählungen einen besonderen Platz ein. Sein Verhalten wird zum Lehrstück – in vielen Varianten – in Erzähltraditionen verschiedener ethnolinguistischer Gruppen von Oaxaca. Manchmal kann man – trotz Übersetzung – den Erzählrhythmus sehr genau spüren, das Miteinander des jeweiligen Vortragenden und der darauf reagierenden Zuhörerschaft. Erstaunlich oft aber wird auch betont: "er sagte, sie sagte…" Varianten bei den Verben der Gesprächsäußerungen finden sich selten.

Hier sollen einige Beispiele dieser Erzählungen zum Kaninchen aufgezeigt werden.

Abb. 17: Jahr 7-Kaninchen
(Codex Nuttall, lám. 16)

Es sei mit dem Tiermärchen
Kaninchen und der Maiskolben
bei den **Zapoteken auf dem Isthmus von Tehuantepec** *begonnen:*

Dies ist es, was einem Kaninchen zustieß, das ein Maiskorn säte. Die Maispflanze wuchs heran und hatte einen Maiskolben.

Da ging das Kaninchen los, um eine Traglast Mais an eine Kakerlake, ein Huhn, einen Hund, einen Jaguar und einen Jäger zu verkaufen. Jedem von ihnen verkaufte es die Traglast zu einem *Peso* [einer kleinen Münzeinheit].

Eines gewissen Tages kam die Kakerlake zum Haus des Kaninchens, um sich die Traglast Mais abzuholen; und das Kaninchen sagte ihr: "Setz dich, während man sie zusammenstellt." Die Kakerlake setzte sich also hin und wartete; da sah das Kaninchen aber das Huhn kommen, das auch wegen seines Maises kam. Da sagte es zur Kakerlake: "Dort kommt das Huhn." Darauf sagte die Kakerlake zu ihm: "Worin kann ich mich verstecken, damit sie mich nicht frisst?" Und das Kaninchen sagte ihr: "Krieche unter diesen Tonteller!"

Dann kam das Huhn und sagte zum Kaninchen: "Ich komme wegen meines Maises." Und das Kaninchen sagte ihm: "Setz dich, unterhalten wir uns, während man den Mais einpackt. Möchtest du eine Kakerlake fressen?" "Ja, warum nicht?" sagte das Huhn. "Unter jenem Tonteller ist eine." Und das Huhn fraß die Kakerlake. Dabei aber sah das Huhn den Hund kommen, der auch wegen seines Maises kam. Darauf fragte es das Kaninchen: "Wo verstecke ich mich, damit jener Hund da mich nicht frisst?" "Versteck dich unter jenem Korb da!" sagte ihm das Kaninchen.

Dann kam der Hund an und sagte zum Kaninchen: "Ich komme wegen meines Maises." "Tritt ein und lass uns ein wenig erzählen. Möchtest du ein Huhn fressen?" "Ja, wenn ich kann", antwortete der Hund dem Kaninchen. "Unter jenem Korb sitzt eins." Da fraß der Hund das Huhn; währenddessen aber sahen sie den Jaguar kommen, der auch wegen seines Maises kam.

"Worin verstecke ich mich, damit mich jener Jaguar nicht frisst?" sagte der Hund. "Krieche unter den großen Topf" murmelte ihm das Kaninchen zu. Da traf der Jaguar auch schon ein und sagte zum Kaninchen: "Ich komme wegen meines Maises." Und das Kaninchen antwortete ihm: "Tritt ins Haus ein und lass uns miteinander plaudern, während… möchtest du einen Hund fressen?" "Ja, wenn ich kann", antwortete ihm der Jaguar. "… denn unter jenem großen Topf ist einer!" sagte ihm das Kaninchen. Daraufhin fraß der Jaguar den Hund.

Währenddessen aber sahen sie den Jäger kommen. "Wo verstecke ich mich?" sagte der Jaguar. "Versteck dich hinter jener Tür!" antwortete ihm das Kaninchen. Da kam der Jäger an und sagte zum Kaninchen: "Ich komme wegen meines Maises." "Tritt ein!… und während wir uns unterhalten, könntest du da einen Jaguar töten?"

"Das werde ich wohl können!" antwortete ihm der Jäger. Daraufhin tötete der Jäger den Jaguar und danach sagte das Kaninchen zu ihm: "Nimm nun das Fell des Jaguars anstelle des Maiskolbens!" Und der Jäger nahm das Jaguarfell und ging davon.

Unterdessen blieb das Kaninchen zurück – mit großen Augen vor so viel Freude!

(Tiermärchen bei den Zapoteken auf dem Isthmus von Tehuantepec. Chupa Cuento Sti Lexu, Cuentos del Conejo. En zapoteco del Istmo y español, México 1979: 20-21)

Abb. 18: Geburtsdatenname des Kriegers
"9 Kaninchen"
(Codex Nuttall, lám. 47)

Vergleichbar im Inhalt und doch anders – auch in der Stilistik, in der Lyrik der Beschreibungen – ist diese Geschichte vom

Bauer Kaninchen

bei den Zapoteken

Als das Licht den Weg, den die Nacht genommen hatte, vom **Rancho** [dem kleinen Bauerngehöft] vertrieb, verließ der Ochse das Gehege und folgte ihm. Der Weg aber führte weit nach Westen und der Ochse fühlte sich schließlich müde und verließ ihn, um in die Ebene zu laufen. Sein Herr behütete ihn wie sein Augenlicht und pflegte ihm Maiskolben zu fressen zu geben. Der Ochse dieser Erzählung ließ auf dem Weg – schon weit vom Gehöft entfernt – ein einsames Korn in einem Kotfladen zurück.

Der Regen machte die Erde weich und drei Tage später öffnete eine Maispflanze ihre ersten Blätter.

Kaninchen wohnte nicht in der Nähe, aber es kannte die Gegend wie jede Falle. Es sah diese ***Milpa*** ["Maisfeld"] an eben jenem Tage, und als sich der Nachmittag dem Rancho näherte, versetzte Kaninchen seine Hütte an den Weg, genau neben die Maispflanze.

Die nächste Sonne traf es nicht etwa schlafend an. Bevor der Morgen völlig angebrochen war, öffnete es seine Augen und erhob sich, um sein Haus zu fegen, und während all der nachfolgenden Stunden hörte man zunächst aus dem Wald den Lärm der Axt, dann das Geräusch des zu Boden stürzenden Baumes: es war Kaninchen, das dicke Stangen zurechtschlug, um die Milpa einzuzäunen. Es aß gleich dort, und als später die Nacht die Erde in Schatten hüllte, lud es sich die Pfosten auf, um sie zum Feld zu bringen. Die Müdigkeit hielt es die ganze Nacht traumlos auf seinem Lager fest. Der dritte Tag sah es

Löcher in den Boden graben und die Pfosten aufstellen. Zur Nacht war die Milpa eingezäunt.

Als es die Arbeit für vollendet hielt, sagte sich Kaninchen: "Jetzt werde ich meine Gevattern besuchen, um ihnen Mais zu verkaufen, und einen ausgezeichneten Preis fordern." Der Traum wurde während der Nacht mehrfach abgeschnitten, weil es darüber nachdachte, wer von allen seinen Gevattern ihm Maiskolben abkaufen würde. Es fühlte schon das Geld in seinen Taschen und betastete seine Schlafstatt in dem Glauben, daran etwas von all den Dingen zu haben, die es sich kaufen würde. In der Morgenfrühe kam durch seinen letzten Traum hindurch vom Rancho der rote Blitz des Hahnenschreis herübergesaust.

Kaninchen verließ sofort das Haus und folgte dem Weg, den ihm das weitere Krähen wies.

Die Hühner flogen von dem Baum herab, auf dem sie zu schlafen pflegten, und der Hahn erwartete Kaninchen auf dem Boden, als es auf den Hof kam. Es gab ein Huhn mit bleichem Kamm. ‚Das ist die Glucke. Ihr werde ich die ersten beiden Netze voll verkaufen!' dachte Kaninchen. Es näherte sich ihr und sagte: "Gevatterin, ich weiß, bald wirst du Kinder haben und es wird dir an Mais fehlen, um sie zu ernähren. Ich habe einiges an Maiskolben. Ich dachte an dich, und wenn du es wünschst, werde ich dir etwas verkaufen." Es hatte die Glucke überredet. Sie kaufte ihm vier Netze voll zu zwölf **Centavos** [sehr kleine Münzeinheit] ab. Als Kaninchen sich verabschiedete, wies es ihr die Richtung, nannte den Tag und die Stunde, in der sie kommen solle, sie abzuholen.

Auf dem Rückweg zu seiner Hütte trafen seine Blicke mit denen des Wildkaters zusammen oder des arglistigen Katers, wie wir in unserer einheimischen Sprache sagen. Es erzählte ihm von dem wunderbaren Geschmack, den Fleisch habe, wenn es mit **Tortillas** [Maisfladen] gegessen würde. Der Kater kaufte ihm zwei Netze voll ab. Ohne den Namen des Tages zu verändern, den es der Glucke genannt hatte, aber zu einer etwas späteren Stunde lud es den Wildkater ein, indem es ihm die Richtung nannte und sich dann verabschiedete.

Zu jener Zeit waren Kojote und Kaninchen Freunde und jener konnte in den Plänen seines falschen Freundes nicht fehlen; und Kaninchen machte sich auf, ihn zu suchen. Die Sonne stand sehr hoch und war sehr klein und die Hitze fiel vom Himmel. Unter den Bäumen schliefen die müden Schatten. Auf einem lag Kojote hingestreckt. Kaninchen näherte sich und kaum hatte er es wahrgenommen, hatte es ihm schon vier Netze voll verkauft. Den Tagesnamen und seine Nummer im Monat änderte es nicht; aber die Stunde war gegenüber der für die Glucke um zwei hinausgeschoben.

Der Jaguar nahm den vierten Platz in Kaninchens Lügen ein und es wollte mit ihm sprechen, um ihm die vier Netze voll zu verkaufen, die es ihm bestimmt hatte. Es schien, als ob alles von jemand Gewaltigem bewacht würde, und zwar zugunsten des Bösen, dessen Vertreter Kaninchen war, denn die Opfer ließen sich leicht finden. Der Jaguar kam mit aller ihm zu Gebote stehenden Trägheit zu seinem Treffen. Er kam ohne seine Wildheit und Kaninchen knöpfte ihm in der Zeit, in der ein Mensch ein Verbrechen begeht, vierundzwanzig Centavos ab. Die Richtung, der Tag und das Datum waren dieselben und die Stunde zwei nach der für den Kojoten.

Seinem Vorhaben schien die Spitze abgebrochen zu sein, denn die Nacht fiel über das Feld, bevor der alte Jäger, der es täglich zu überqueren pflegte, an seinem Haus vorbeikam. Jene Nacht fiel so wie ein Stückchen Tod auf seinen Traum und es öffnete die Augen nicht vor dem Morgengrauen. Kaninchen setzte sich in die Tür seiner Hütte und ließ die Augen ununterbrochen hin und her huschen. Der Jäger musste vorbeikommen und verspätete sich gewöhnlicherweise nicht. Von allen ist es der Mensch, der den Mais am nötigsten braucht, und der Mensch dieser Geschichte kaufte auf eigenen Wunsch zwei Netze voll. Und er bat um mehr, aber Kaninchen ließ ihn wissen, dass für ihn ein Betrug nicht in Frage käme. "Ich würde dir mehr verkaufen, aber ich weiß, dass ich zu gegebener Stunde nicht genügend Mais haben werde, um dich zufrieden zu stellen."

Der Jäger gab ihm die Hand und Kaninchen sagte ihm, bevor es seine Pfote zurückzog, den Namen, den Tag und das Datum, ohne daran etwas zu verändern, und die Stunde war die letzte innerhalb seines Vorhabens.

Das Datum war fern und die Maispflanze hatte Zeit zu wachsen und ihre Blätter über den Gartenzaun zu strecken. Derselbe Ochse kam abermals dort vorbei und fraß den Haupttrieb ab; und die Maispflanze konnte kein Wasser mehr trinken und musste sterben.

Aber Kaninchen musste sich nicht beeilen, nachdem es die ganze Nacht gegrübelt hatte, welche Bosheit es anstellen wollte. So kam es, dass es in seinem Haus das Datum abwartete, an dem sich seine Gevattern einfinden würden.

Viele Tage breiteten sich in der Sonne aus und ein weiterer kam mit dem Namen, den Kaninchen seinen Freunden beim Abschied genannt hatte; das Datum war dasselbe und die Stunde der Glucke kam heran, ohne dass die Zeit angehalten hätte. Zu ihrer Stunde erschien die Glucke, gefolgt von den vielen Küken. Zur gleichen Zeit, als die Glucke Gottes Beistand für ihn erbat, bat Kaninchen Gott, dass Er sie beschützen möge; und dies entsprach in jenen Tagen einer Begrüßung.

"Setz dich. Und während du ausruhst, höre folgende Geschichte" und es erzählte eine; der Tod aber hat es der Glucke unmöglich gemacht, sie zu überliefern. Kaninchen sprach langsam und berechnete, dass die Geschichte nicht kürzer als eine Stunde sein dürfte. Plötzlich sagte es: "Gevatterin, da kommt der Wildkater!"

Es wusste genau, dass die Glucke vor Schreck zu zittern anfangen würde. Es wollte fortfahren zu erzählen, aber die Ärmste hörte nicht mehr zu, denn ihre ganze Aufmerksamkeit richtete sich darauf, ihren Gevatter zu bitten, dass er sie verteidige. "Fürchte dich nicht!" Und Kaninchen ging in eine Ecke und kehrte mit einer großen Kiepe zurück. Die

Glucke breitete die Flügel aus und ihre Küken versteckten sich darunter. Kaninchen drehte dann die Kiepe um.

Es lief zur Tür und kam gerade zurecht, um den Wildkater zu begrüßen. "Komm herein", sagte es und schob ihm eine Bank zu, damit er sich setze. Es erzählte ihm keine Geschichte, sondern tanzte vor ihm auf und ab und erzählte Witze. "Lass das und gib mir den Mais, denn seit einigen Tagen habe ich großen Hunger."

"Stell dir vor, ich habe die Ernte nicht einbringen können, denn vor einigen Tagen habe ich meine Knechte entlassen. Wenn es dir nichts ausmacht, werden wir zwei losgehen und deine Netze füllen. Wenn du Hunger hast, hier unter der Kiepe habe ich eine Glucke." Kaninchen hob die Kiepe hoch, und der Kater fiel in seiner Gefräßigkeit über die Glucke und ihre Kinder her.

Inzwischen kam Kojote zu seinem verabredeten Termin. "Was werden wir machen? Kojote kommt!" "Versteck mich, denn jener Freund tötet mich, wenn er mich findet." Kaninchen versteckte seinen Gevatter unter derselben Kiepe. Sie hatten sich kaum begrüßt, als der Gläubiger, der eben gerade eingetroffen war, sagte: "Ich komme wegen meines Maises."

"Es hat viel geregnet und deshalb ist der Weg voller Schlamm. Und der Schlamm ist weich und man verliert den Boden unter den Füßen. Der Mais wiegt schwer und der Schlamm noch mehr. Deshalb war es mir bisher nicht möglich, den Mais in den Vorratsspeicher zu holen… Sei nicht böse! Bald werde ich mein Wort einlösen. Höre derweil diese Geschichte."

Kojote hatte davon geträumt, sie zu hören, denn von allen Tieren war er derjenige, dem Geschichten am meisten gefielen, wäre da nicht der Hunger gewesen, der aus ihm schrie. "Gut, ich will aber essen und kann nicht mehr warten." Und Kojote war voller Unwillen.

"Gräme dich deswegen nicht! Möchtest du einen Kater fressen, den ich unter dieser Kiepe versteckt habe?" Kojote stieß, ohne zu antworten, selbst die Kiepe weg und zerriss den Kater. Er leckte sich das Maul, als Kaninchen sagte: "Wie steht es mit der Freundschaft zwischen dir und dem Jaguar?"

"Sehr schlecht!" "Dann spring unter jene Bank, denn der Jaguar ist nur noch ein paar Schritte von hier entfernt." Und Kojote sprang bleich vor Furcht unter die Bank. Vor dem Jaguar gelangte schon sein Gruß bis in den letzten Winkel des Hauses. Kaninchen verneigte sich tief zu seiner Begrüßung, schmeichelte ihm und geleitete ihn zu der Bank. "Setz dich!" "Danke, aber ich habe Eile und möchte mich nicht lange aufhalten."

Kaninchen brachte dann eine Entschuldigung vor, worin sein ganzes Talent zum Ausdruck kam. Die Worte kamen leise hervor, und die Entschuldigung brauchte lange Zeit, bis sie vollständig ausgesprochen war. "Ich verstehe, dass du großen Hunger hast, und obwohl es mir sehr leid tut, gebe ich dir, damit du ihn stillen kannst, meinen Hund." Und der Jaguar machte Schluss mit dem Gevatter, der unter der Bank versteckt gelegen hatte.

Der Jäger hatte mit langen Schritten den Abstand, der ihn noch von dem Haus trennte, immer mehr verkürzt. Als der Jaguar immer stiller wurde, sagte Kaninchen, indem es sich in der Tür sehen ließ: "Mein Gott. Der Jäger kommt auf uns zu. Klettere rasch auf jenen Baum. Ich werde ihm sagen, dass es in dieser Gegend kein Jagdwild gibt."

Gläubiger und Schuldner begrüßten einander voller Liebenswürdigkeit. "Du kommst wegen deiner Maiskolben; ich weiß schon. Aber in aller Offenheit sage ich dir, dass ein Ochse meine Pflanzung zerstört hat. Damit meine Schuld etwas weniger groß ist, habe ich jenen Jaguar seit einigen Stunden für dich gefangen." Der Jäger hob den Kopf und sah den Jaguar in den Zweigen eines nahen Baumes. Er schoss sein Gewehr ab und das Jagdwild fiel zu seinen Füßen nieder. Die Nachricht vom Tode des Jaguars verbreitete sich in den Ranchos und alle Grundbesitzer suchten den Jäger auf, um ihn zu belohnen, denn der Jaguar hatte eine große Zahl Kälber zerrissen. Und jeder zahlte ihm etwas von seinem Vermögen für diese Tat.

Der Jäger wurde reich und erließ Kaninchen seine Schuld.

(Tiermärchen bei den Zapoteken, nach: Andrés Henestroza: Los hombres que dispersó la danza. SEP México 1929(1987: 99-105).

Abb. 19: 7-Kaninchen, Datum der Eroberung des Adlerortes
(Codex Nuttall, lám. 53)

Das schelmische Kaninchen
ist ein Tiermärchen **aus dem mixtekischen Ort Tlaxiaco**

Es war zu jener Zeit, es ist schon sehr viele Jahre her, als die Tiere sprachen:

Dem Onkelchen Kaninchen war der Mais ausgegangen und es wandte sich, um ein wenig von dem Korn zu besorgen, dem Hause von Tante Huhn zu. "Sieh, Tante Huhn; ich habe nichts zu essen, denn der Mais ist mir ausgegangen. Sei so gut und borge mir ein wenig; ich werde ihn dir bei der nächsten Ernte zurückgeben."

Tante Huhn widersetzte sich zuerst, weil sie der Ehrlichkeit von Onkelchen Kaninchen misstraute. Aber schließlich war sie von der Not überzeugt, in der sie es sah; sie stimmte daher zu, ihm etwas zu borgen: "Gut, Onkelchen Kaninchen. Ich werde ihn dir aber nur unter der Bedingung leihen, dass du ihn mir zurückbringst." "Sei unbesorgt, Tante Huhn. Ich werde ihn dir so schnell zurückerstatten, wie die Ernte eingebracht wird."

Onkelchen Kaninchen ging nach Hause, wo es sich einschloss, um zu essen und zu schlafen, denn es war in gewisser Weise ein träges und faules Tier, obwohl betrügerisch und voller Arglist und Kunstgriffe. Als der von Tante Huhn besorgte Mais alle war, ging es auf die Suche nach einem neuen Lieferanten, indem es zum Haus des Onkels Kojote ging.

"Sieh, Onkel Kojote, ich habe nichts zu essen, weil mir der Mais ausgegangen ist. Sei so gut und borge mir ein wenig; ich werde ihn dir zur nächsten Ernte zurückerstatten."

"Gut, Onkelchen Kaninchen, ich werde ihn dir leihen. Aber ich warne dich, dass du mir als Frühstück dienen wirst, wenn du ihn mir nicht zurückbringst." "Sei unbesorgt, Onkel Kojote, dein Mais wird zu dir zurückkehren."

Onkelchen Kaninchen fuhr fort zu essen und zu schlafen. Als ihm der von Onkel Kojote geliehene Mais zu Ende ging, lief es erneut nach einem nächsten Lieferanten umher, und zwar ging es diesmal in das Haus von Onkel Jäger.

"Sieh, Onkel Jäger, ich habe nichts zu essen; denn der Mais ist mir ausgegangen. Sei so gut und borge mir ein wenig; ich werde ihn dir zur nächsten Ernte zurückgeben." "Gut, Onkelchen Kaninchen, ich werde ihn dir leihen; aber ich mache dich darauf aufmerksam, dass du direkt in die Pfanne wanderst, wenn du ihn mir nicht zurückerstattest." "Sei unbesorgt, Onkel Jäger; dein Mais wird dir zurückgegeben."

Und Onkelchen Kaninchen fuhr fort zu essen und zu schlafen, ohne sich Gedanken wegen der Ermahnungen seiner Gläubiger zu machen, und vertraute seinen Fähigkeiten, aus der Sache herauszukommen.

Als die vereinbarte Frist abgelaufen war, kamen jene mit ihrer Forderung nach dem Mais, den sie ihm geborgt hatten, zum Haus von Onkelchen Kaninchen.

Als erste erschien Tante Huhn, zu der Onkelchen Kaninchen sagte: "Ich habe gerade an dich gedacht, Tante Huhn; ich werde sogleich den Mais entkernen, den du mitnehmen musst. Tritt inzwischen ein und versteck dich, denn ich habe hier Onkel Kojote herumstreifen sehen."

Kaum hatte sich Tante Huhn versteckt, kam tatsächlich Onkel Kojote beim Haus von Onkelchen Kaninchen an, das ihm sage: "Sieh, Onkel Kojote, ich bin gerade im Begriff, den Mais zu entkernen, den du mitnehmen musst..." und mit leiser Stimme fügte es hinzu: "Tritt ein und fang dir indessen Tante Huhn, die sich im Haus versteckt hat." Onkel Kojote trat ins Haus und begann, sich Tante Huhn zuzuwenden.

Währenddessen kam Onkel Jäger an, zu dem Onkelchen Kaninchen sagte: "Sieh, Onkel Jäger, gerade bin ich dabei, den Mais zu entkernen, den du mitnehmen musst..." Und leise fügte es hinzu: "Fang dir inzwischen Onkel Kojote, der im Haus dabei ist, Tante Huhn zu fressen."

Onkel Jäger lehnte sein Gewehr an die Tür des Hauses von Onkelchen Kaninchen, trat ein und nahm sich sofort Onkel Kojote mit dem Messer vor. Inzwischen klomm Onkelchen Kaninchen schnell bis zur Gewehrmündung empor und urinierte in das Schießeisen hinein, um dann davonzulaufen. So kam es, dass Onkel Jäger, als er den Betrug bemerkte, keinen Schuss auf Onkelchen Kaninchen abgeben konnte, da das Pulver feucht geworden war.

Y colorín colorado / aquí el cuento se ha acabado. [spanisch – auch im mixtekischen Text: Und roter Stieglitz, hier endet die Geschichte].

(nach José María Bradomín: Leyendas y Tradiciones Oaxaqueños, Oaxaca 1982: 291-293)

Abb. 20: Ort Kaninchenhügel
(Codex Nuttall, lám. 22)

Kaninchen pflegte jede Gelegenheit zu nutzen, andere Tiere zu manipulieren, zu hintergehen und dadurch für sich einen Vorteil zu erhaschen. Manchmal geschah dies, um einer eigenen Notsituation zu entgehen, manchmal aber zudem aus übersteigertem Selbstwertgefühl und einer Selbstsicherheit, die in erstaunlich trickreichen Handlungen sichtbar wurde. Die Erzähler und ihre Zuhörer wünschten sich offensichtlich, auch in entsprechenden Situationen im Kampf mit Stärkeren und Mächtigeren adäquat bestehen zu können.

Ein gutes Beispiel solcher Tiermärchen erzählt man sich bei den **Zapoteken des Isthmus von Tehuantepec:**
Kojote geht auf ein Fest

Das Fest von Chihuitán am vierten Freitag [der Fastenzeit] ist das größte unter denen, die in unseren Dörfern gefeiert werden. Die Bewohner des Tals von Oaxaca und auch die Mixe kommen aus dem Gebirge herab; es kommen die Huave und Zapoteken. Der Ruf dieses Festes gelangte auch Kojote zu Ohren und er beschloss, einmal dort hinzugehen.

Das Geld, das er den Leuten gestohlen hatte, pflegte er sorgfältig zu verwahren. Am Vorabend schüttete er es in seinen Ranzen und machte sich auf den Weg nach Norden und begab sich auf das Fest.

Während des Festes kaufte er hartes Brot aus Chiapas, dicke Bananen aus Huamelula und in Öl eingelegte Palmfrüchte. Alles das tat er in seinen Ranzen, um es seinen Kindern nach Hause mitzunehmen.

Kaninchen beobachtete Kojote. Es wusste, dass er Hühner stahl und sie verkaufte und dass er das Geld in seinem Ranzen aufbewahrte, den er niemals abschnallte. Schließlich sah es ihn mit den Früchten, die er in Chihuitán gekauft hatte, zur Rückkehr aufbrechen. Mit traurigem Herzen, weil es nichts gekauft hatte, lief Kaninchen ihm – vom Fest kommend – auf dem Heimweg voraus.

Auf dem Weg fand es einen Schuh. Es erinnerte sich der Leckerbissen, die Kojote für seine Kinder gekauft hatte, und es entsann sich auch der anderen Male, als es ihn genasführt hatte. Schnell stellte es den Schuh mitten auf den Weg, den Kojote kommen musste.

Der suchte mit einem Blick festzustellen, ob sich der andere Schuh irgendwo fand, damit man das Paar vervollständigen könnte. Wie er nichts sah, warf er den Ranzen wieder über den Rücken und ging seines Weges.

Kaum hatte Kojote dem Schuh den Rücken gedreht, erhob sich Kaninchen in aller Eile und lief durch den Wald voraus, um den Schuh erneut auf den Weg zu stellen, den Kojote kommen musste. Kojote war ein ganzes Stück seines Weges gewandert, als er von neuem einen Schuh sah. Er entsann sich des anderen, den er gesehen hatte, als er vor einiger Zeit daran vorbeigekommen war. Er gedachte daher zurückzulaufen, um ihn zu holen. Da sein Ranzen schwer wog, versteckte er ihn im Wald und kehrte um. Nichts als gerade das hatte das ruchlose Kaninchen erwartet.

Der alte Kojote zog den Schuh auf den Fuß und ging zurück, den anderen zu suchen, von dem er meinte, dass er ihn ein Stück rückwärts auf dem Weg hatte stehen lassen. Er wusste nicht, dass es derselbe war, den er nun angezogen hatte.

Während Kojote auf die Suche nach dem Schuh ging, den er für den anderen hielt, lud sich Kaninchen seinen Ranzen auf den Rücken und trug ihn davon. Da und dort suchte Kojote den anderen Schuh und fand ihn nicht. Er wusste nicht, dass Kaninchen ihn mit einem einzigen getäuscht hatte, mit eben demselben, den er angezogen hatte.

Nachdem er sah, dass er nach allen Seiten hin gesucht hatte, ohne den anderen Schuh zu finden, kehrte er um, seinen Ranzen aufzunehmen. Als er dort ankam, wo er ihn versteckt hatte, fand er den nun auch nicht mehr. Ein ganzes Stück entfernt saß Kaninchen unter dornigen Zweigen und aß die Bananen aus Huamelula und die in Öl eingelegten Palmfrüchte.

Kojote blieb einsam und verlassen mit dem einen Schuh zurück. Heulend und dabei seine eigenen Tränen trinkend kam er mit leeren Händen in Juchitán an.

(gesammelt und zweisprachig zapotekisch/spanisch wiedergegeben von Víctor de la Cruz; in der Zeitschrift Guchachi' Reza No. 12, Juchitán 1982: 2-3)

Abb. 21: 13-Tageeinheit, mit Kaninchen beginnend, Südrichtung (Tonalamatl de los Pochtecas = Codex Fejérváry-Mayer p. 44)

Kaninchen konnte dem Kojoten manches Schnippchen schlagen, was ihr Gegeneinander besonders provozierte.

Kaninchen und Kojote,
ein Tiermärchen bei den Zapoteken vom Isthmus von Tehuantepec,
zeigt dies deutlich:

Kaum lernten sie sich kennen, wurden Kaninchen und Kojote Feinde. Die Wälder von Juchitán wurden mehr als einmal von ihren Kämpfen erschüttert und nicht wenige Male gewannen sie daraus einen Vorteil.

Eines Morgens, während die Sonne grün über den Bergen hervorbrach und in der Luft der Gesang der Vögel herumflatterte, suchte Kojote, von Rachegefühlen getragen, auf der Erde nach den Spuren des Kaninchens. Als wäre es vom Himmel gefallen, erschien Kaninchen plötzlich vor Kojote am Fuße eines Gulavere-Baums [dessen essbare Früchte wie Weintrauben aussehen und eine süße, gummiartige Masse enthalten]. Die unverhoffte Begegnung und die Nähe des Kojoten ließen Kaninchen jede Idee an Flucht vergessen.

"Diesen Tag werde ich dich fressen und ich werde dich fressen!" jaulte Kojote.

"Das ist unmöglich", antwortete Kaninchen. "Ich weiß, dir würde es gefallen, das zu tun, was ich hier mache. Höre: vor unserem Blick durch die Bäume versteckt erhebt sich ganz in der Nähe eine Schule mit zahlreichen Kindern; den Anfang und das Ende ihrer Arbeiten kündigt diese Glocke an, die du von dem hohen Ast jenes Baumes herabhängen siehst." Und es zeigte, die Augen nach oben gerichtet, auf ein Wespennest, das seine Zerbrechlichkeit im sanften Luftzug eines Zweiges schaukelte.

"Ich, ein Mensch nicht weniger Verdienste, bin ernannt worden, die Glocke anzuschlagen. Oh, mit welchem Vergnügen schlägt in meiner Seele die Stimme dieser Glocke! Welche Freude, die Kinder bei ihren tausend verschiedenen Spielen zu beobachten! Die Mädchen, die es auch in dieser Schule gibt, pflücken Blumen und verfolgen Schmetterlinge. Wie schön ist es, die Mädchen über den Rasen laufen zu sehen! Von weitem scheinen sie

Schmetterlinge zu sein! Sag mir, Kojote, würde es dir nicht gefallen, an meine Stelle zu treten?"

"Das ja, das ist hübsch!" erwiderte Kojote mit einem freudigen Wedeln des Schwanzes. "Dann also, bis gleich!"

Kaum hatte sich Kaninchen zurückgezogen, fühlte Kojote, wie der Wunsch seine Hände kitzelte. Gierig schüttelte er den Stamm. Die Äste rüttelten ihre Blätter und das Wespennest entließ eine Traube Wespen. Eine Wolke von Stacheln hüllte Kojote ein. Entsetzt, von der stechenden Hitze angeschwollen, flüchtete er in den Wald.

"Jetzt, ja, da fresse ich dich, denn ich fresse dich!" drohte Kojote Kaninchen am Fuße eines Hügels, als die Dunkelheit die Sterne stärker glänzen ließ.

"Halt dort! Wer ist da?" dröhnte in der Luft die Stimme von Kaninchen, das Kojote mit einem trockenen Maisstängel einschüchterte, den es kaum Zeit genug gehabt hatte, vom Boden aufzuheben. "Komm nicht allzu nah, wer du auch seiest. Denn ich feuere sonst!" Die kriegerische Haltung von Kaninchen löschte die Drohung von Kojote aus.

"Was machst du hier, Freund Kaninchen?" fragte er unterwürfig. "Ruhe! Komm nicht näher! Jetzt, gib acht!" und sich fest aufstellend, das vermeintliche Gewehr senkrecht an der Seite, erklärte es mit tiefer Stimme: "Du weißt nichts von dem, was du in diesem Augenblick erfahren wirst. Ich schiebe an diesem Ort Wache; die Provinz befindet sich im Kriegszustand mit einer fremden Provinz und wir alle, die Bürger, sind verpflichtet, sie mit unserem Blut und unserem Leben zu verteidigen. Sieh!" und es zeigte ihm den nächsten Hügel, über dem die Leuchtkäfer und Glühwürmchen ihre Lichtpünktchen schimmern ließen. "Dies ist das Feldlager und die Menschen sind in Alarmbereitschaft. Es wird den Berichten zufolge, die wir erhalten haben, nicht mehr lange dauern, dass der gewaltige und gut ausgerüstete Feind erscheint. Der Zusammenstoß wird furchtbar sein. Die sauberen Bäche, die diese Felder bewässern, werden sich von Blut verfärben und unsere Wut- und Schmerzensschreie werden die Stimmen des Urwalds auslöschen. Wenn du sterben willst, geh nach vorne und schreibe dich in die Listen ein. Es ist aber besser, du überlässt diese gefährliche Arbeit den waghalsigen Menschen wie mir. Du zieh dich lieber zurück, um in der Süße und dem Frieden unserer Felder ruhig und friedlich zu leben. Entferne dich, so schnell du kannst!"

Erschreckt und kleinmütigen Herzens dankte Kojote Kaninchen und trottete auf der Suche nach Ruhe davon. Ein spöttisches Lächeln kräuselte die Lippen von Kaninchen, das sich, Gott dankend, zwischen den Kräutern noch kleiner machte.

Ein Pochen des Lebens zwischen den Zweigen, so schaukelte Kaninchen sich in seiner Freude am Nachmittag in einem *Morro*-Baum [Kalebassenbaum], aus dessen grünen Früchten in der Größe und Form der *Zapotes* ["Breiäpfel"] man Gefäße macht. Plötzlich stieg ein gefährliches Jaulen am Stamm empor und gleichzeitig ertönte die Strophe: "Jetzt, ja, werde ich dich fressen, weil ich dich fresse!"

"Was hast du an mir zu fressen, Freund! Sieh, wie die Zapotes ihre duftende und süße Rundung in den Zweigen aneinanderschlagen. Sie bitten um Münder, die sie essen mögen. Du kannst nicht heraufklettern, um sie zu pflücken; aber ich will mich gut mit dir stellen und werde dir einige hinunterwerfen. Mach den Mund auf!"

Kojote machte die Schnauze auf, bis ihm seine Backen vor Anspannung schmerzten. Eine, zwei, bis drei dicke Morro-Früchte warf ihm Kaninchen treffsicher hinein. Die grüne Festigkeit presste sich ihm in den Schlund und der Erstickungshusten erregte ihn bis zum Jähzorn.

Kaninchen ließ sich gleich einer leichten Feder auf den Boden hinab und sprang in die Nacht davon.

Wie mit zehn Augen blickte Kaninchen umher, um sich zu schützen. Eines davon spiegelte Kojote wider, der über den steinernen Bogen des Hügels schnürte. Arglistig drückte es sich schnell wie ein Galgen gegen einen Felsen; die zwei schwachen Vorderpfoten, nahe daran zu zerbrechen, wie Balken unter die obere Kante des Gesteins gepresst.

"Was ist es, was du so stützt, Kaninchen?" fragte Kojote. "Sei bestürzt, Bruder! Ich halte die Welt! Mehrere Tage halte ich sie schon, ohne essen, trinken oder schlafen zu können. Hilf mir einen Augenblick, während ich diesen Hügel hinaufklettere, wo sich ein Rohrdickicht befindet." Und mit der Fingerspitze brachte es seine Augen in Richtung auf ein Rohrdickicht, das grüne Linien in die Höhe zeichnete. "Ich werde essen und die süßesten Sprösslinge für dich pflücken. Aber entferne dich nicht von hier, weil sonst die Welt zusammenfällt."

Ein schwacher Lärm knisterte in der Luft und in der Schnauze von Kojote geiferte der Appetit. ‚Saftige Rohrspitzen muss Kaninchen für mich pflücken', dachte er und vor Anstrengung liefen ihm Streifen bis zu den Gelenken, weil er den Felsen stützte.

Wie ein brennendes Glitzern senkte sich die Flamme herab, die Kaninchen auf dem Hügel angezündet hatte. Da Kojote fürchtete, dass die Welt zusammenbräche, fuhr er fort, sie zu stützen, bis ein Flammenzünglein ihm den Schwanz versengte. Da begriff er den Betrug von Kaninchen und machte sich davon, seine Rachegelüste zerkauend.

(nach Gabriel López Chiñas: Vinnigulasa. Cuentos de Juchitán. Mérxico 1940 / 1060: 79-82)

Abb. 22: Kaninchen im Mond – allerdings seitenverkehrt dargestellt
(Codex Florentino lib. VII, fol. 228v)

Nicht immer jedoch gelang es Kaninchen von Anfang an, die Oberhand zu behalten. Es gab zudem Situationen und Handlungsweisen der Menschen, die es nicht durchschaute und deshalb zeitweilig auch in heikle Situationen geriet, aus denen es sich herauswinden musste. Dabei erwies sich Kaninchen aber generell Kojote gegenüber als gewitzter und überlegen.

Kaninchen im Chilepfeffer-Beet
heißt ein Tiermärchen von den **Zapoteken des Isthmus von Tehuantepec:**

Das Licht des Tages erlosch, als Kaninchen sein Haus auf der Suche nach einer Abend-
mahlzeit verließ. Es querte die Wiesen mit zarten Kräutern und mochte kein einziges
Blatt davon probieren. Es sprang bis an den Fuß lang hingestreckter Zäune, die mit einer
Kletterpflanze wie mit einem Mantel bedeckt waren [die von den Zapoteken **Lubá sum-
breru** und sonst auch "zerbricht den Teller" genannt wird]. Und es verhielt nicht seine
Schritte, um eines der Blätter zu kosten. Die **Pitahaya**[kaktus]-Frucht "des roten Gäh-
nens" bändigte seine Pfoten auch nicht. Es wollte Menschennahrung kosten!

Zehnmal hat es den Bauern auf dem Rand des Beetes sitzen und essen sehen und
zehnmal hat ein aufreizender Geruch seine Witterung angestachelt. Kaninchen suchte
und fand das Kraut der aufreizend duftenden Frucht des Menschen in einem Garten
nahe dem Dorf. Und hier hat es angehalten.

Der Bauer umrundet seinen Garten und Kaninchen wartet ungeduldig darauf, dass er
sich entfernt. Allein nun, dringt es ohne Furcht in den Garten ein, bricht die schönsten
Chilepfeffer-Schoten ab und entfernt sich glücklich.

Am nächsten Morgen jammerte der Bauer über den Verlust.

Wieder einmal ist Nacht – und Kaninchen erneut im Chilepfeffer-Beet. Neue Spuren
hinterließ sein Raub an den Zweigen. Der zornige Bauer will den Dieb entdecken.

Kaninchen, Reisender in Sachen Schlauheit, gelingt es, die besten Chile-Schoten mit-zunehmen.

Nacht des feuchten Mondes zwischen den Blättern. Ein wohltuender Rauch von ver-branntem Stroh hüllt das Chilepfeffer-Beet ein, damit die zarten Blüten und die jungen Chile-Schoten nicht von den Stielen abfallen. Nahe den Stangen des Zauns erhebt sich schlank ein schwarzes Männchen aus Wachs, das der Bauer mit listiger Absicht geformt hat. Kaninchen wartete, dass es weggehe; aber der kleine Schwarze aus Wachs blieb fest wie die Nacht im Chilepfeffer-Beet.

Als einer, der verzweifelt wartet, näherte sich ihm Kaninchen und sagte: "Freund Bauer, ich habe Hunger. Schenk mir eine deiner Chile-Schoten." Der kleine Schwarze aus Wachs bewegte kein bisschen den Mund, um etwas zu sprechen.

"Ich will doch nicht die beste der Chile-Schoten, sondern die kleinste, zarteste, die zwischen den Zweigen herabhängt. Ich sterbe vor Hunger." Auch jetzt sprach der kleine Schwarze aus Wachs nicht.

"Wenn du mir weder die zarteste der Chile-Schoten geben willst noch die Blüte deines Chilepfeffer-Beetes, die sich gerade geöffnet hat, schenk mir vielleicht ein grünes Blatt zu essen." Keine Stimme erhob sich aus der Kehle des kleinen Schwarzen aus Wachs.

Verzweifelt wegen des schmackhaften Duftes, den das Chilepfeffer-Beet verströmte, geriet Kaninchen in Wut, die sich wie die tönende Orgel des Waldes aus seiner Brust in die Luft erhob. "Unhöflicher Bauer, wenn du mir nicht antwortest, werde ich dir einen Schlag mit meiner Rechten versetzen." Wie ein vor Kälte geschrumpfter Kopf blieb das Wort im Mund des kleinen Schwarzen aus Wachs ohne Leben. Kaninchen gab ihm eine Ohrfeige und die Hand blieb auf der Wange aus Wachs kleben.

"Wenn du nicht meine rechte Hand loslässt, gebe ich dir eine weitere Ohrfeige mit der linken Hand", sagte Kaninchen, fast tot vor Wut. Der kleine Schwarze aus Wachs machte sich nichts daraus. Kaninchen gab ihm eine Ohrfeige und seine Hand blieb kleben.

"Wenn du weder meine rechte noch meine linke Hand loslässt, werde ich dir einen Tritt mit meinem rechten Fuß geben", sagte Kaninchen und trat den kleinen Schwarzen aus Wachs. Sein rechter Fuß blieb kleben.

"Wenn du nicht meine beiden Hände und meinen rechten Fuß loslässt, werde ich dir einen stärkeren Tritt mit meinem linken Fuß geben", sagte es und trat zu. Sein linker Fuß blieb kleben.

"Ich weiß nicht, was dir dein unverschämtes Herz sagt. Wenn du aber meine beiden Hände und meine beiden Füße nicht loslässt, werde ich dich mit meinem Kopf umwer-fen." Und sein Kopf blieb kleben.

"Wenn du weder meine beiden Hände, noch meine beiden Füße, noch meinen Kopf loslässt, werde ich dich mit meinem Bauch zu Boden stoßen." Und sein Bauch blieb kleben.

Kaninchen blieb an dem kleinen Schwarzen aus Wachs kleben, bis der Tag sich entfaltete. Begierig, das Ergebnis seiner List zu erfahren, erschien der Bauer, indem er zwischen die Stauden sprang. Sein Zorn zerrann in einem Gelächter. Er löste Kaninchen ab, steckte es in ein Netz und nahm es mit nach Hause.

"Hier ist derjenige, der unsere Chile-Schoten abgebrochen hat", sagte er zu seinen Kindern. "Bringt jetzt das Wasser zum Sieden und erhitzt den Bratspieß, bis er rot glüht. Wir werden Kaninchen eine Lektion erteilen!"

Dieses war das einzige Mal, dass in Kaninchens Herz die Furcht umherflatterte. In den Flur des Hauses geworfen, verfolgte es mit bestürzten Augen und Ohren die Vorbereitungen seiner Folter. Wer weiß, aus welcher Ferne Kojote geheimnisvoll im Haus des Bauern erschien und die Schnauze vorstreckte, um am Netz zu schnuppern. Er war auf der Suche nach Kaninchen ins Dorf herabgekommen, um sich zu rächen. Erstaunt darüber, es in dem Netz verstrickt zu finden, fragte er es: "Was machst du da, Kaninchen?"

"Schweig, Freund. Hier siehst du mich festgehalten, um an einem Bankett teilzunehmen. Die Ruhe ist aus meiner Seele geflohen, denn ich habe eine Angelegenheit größter Wichtigkeit, die meine Anwesenheit erforderte, … aber, was willst du, ich habe niemanden, der an meiner Stelle bleiben könnte… Einzig, wenn du…"

"Gräme dich nicht, Freund Kaninchen, ich werde an deiner Stelle bleiben", sagte Kojote, indem er ihm das Wort abschnitt.

"Vielen Dank, Bruder, vorher aber, schreib dir meine Worte gut hinter deine Ohren. Wenn du schreien hörst: ‚Das Wasser kocht!‘, ist es, dass sie die Schokolade quirlen. Wenn man schreit: ‚Der Bratspieß ist heiß!‘, werden sie duftendes fettes Fleisch braten. Jetzt trenne das Netz auf, damit ich gehen kann." Kojote zerriss das Netz und ersetzte Kaninchen, dessen Schritte kurz danach der Urwaldboden spürte.

Es dauerte nicht lange, da kamen der Bauer und seine Söhne. Sie nahmen Kojote, banden ihn an einen Pfosten, der mitten im Hof eingeschlagen war. Eine Stimme drang heraus und sagte. "Das Wasser siedet!" Die Luft erfüllte ein ganzer Sprühregen eines Chores an Gelächter. Gleichzeitig bewegte Kojote den Schwanz vor Appetit: ‚Sie quirlen mir die Schokolade!‘ dachte er. Eine andere Stimme sagte: "Der Bratspieß ist heiß!" ‚Jetzt werden sie das Fleisch mit dem duftenden Fett braten‘, dachte er zwischen den Zähnen, während der Appetit ihm weiterhin den Schwanz beunruhigte.

Von Stimmen und Scherzen umgeben spürte Kojote, dass man ihn mit dem Bratspieß von hinten aufspießte, während man ihm gleichzeitig siedendes Wasser über den Kopf goss.

Ein Schmerzensschrei sprang unter dem Himmel Wald einwärts!

Kaninchen spielte mit seiner Sorglosigkeit um Ufer der blühenden Lagune. Ohne dass der Lärm ihn verraten hätte, gelangte Kojote langsam an seine Seite. Kaninchen sah ihn mit einem Seitenblick und blieb dabei, als wenn es tränke.

"Jetzt, ja, werde ich dich fressen, weil ich dich sowieso fressen werde!" raunzte Kojote mit scharfer Stimme.

"Was wirst du mich fressen, Bruder", seufzte Kaninchen auf. "Beachte jenen so weißen Käse, der den Teller dieser Lagune füllt. Wenn du mir die Molke trinken hilfst, die ihn badet, werden wir bald frische Scheiben verzehren." Während es sprach, zeigte Kaninchen auf den Mond, der sich inmitten des Wassers spiegelte, das von einer Brise gekräuselt war.

Kojote glaubte ihm und begann zu trinken, um die Molke auszuschöpfen. Das Wasser schnalzte in seinem Mund und füllte ihm den Bauch. Kaninchen tat so, als ob es tränke, und fuhr fort, mit dem Mund an der Lagune zu kleben.

Die Frösche und Kröten quakten traurig, weil sie dachten, dass Kojote das Wasser wegtrinken würde. Die Wasserlilien senkten ihre Blütenkronen. Kojote aber zögerte nicht zu schreien: "Freund Kaninchen, die Molke fließt mir aus den Ohren." "Verschließe sie mit Blättern und trinke!" antwortete Kaninchen.

"Freund Kaninchen, die Molke läuft mir aus den Nasenlöchern!" "Verschließe sie mit Blättern und trinke!" wiederholte Kaninchen.

"Freund Kaninchen, die Molke dringt durch meine Augen hinaus!" "Nimm die Blätter davor und trinke!" antwortete Kaninchen.

Kojote benannte weitere Ausgänge des Wassers an seinem Körper und Kaninchen riet ihm, sie mit Blättern der Lagune zu verstopfen.

Begierig darauf, den Käse zu essen, trank Kojote. Er trank…, trank… Weil seine gesamten Körperöffnungen verschlossen waren, verwandelte er sich in eine riesige Blase eines durchsichtigen Mondes. Plötzlich: bum! explodierte er in der Luft.

Kaninchen entfloh, eingehüllt in den Gesang der Rohrdommeln! Neue Kojoten folgten ihm in dieser ewigen fruchtlosen Rachgier gegenüber Kaninchen. Und während die Sonne und der Mond die Zeit über Juchitán messen, machen Kaninchen und Kojote Reime auf den Schrecken in den Träumen des Waldes.

(nach Gabriel López Chiñas: Vinnigulasa. Cuentos de Juchitán, México 1940/1960: 123-127)

Es gibt ein mexikanisches Sprichwort, das zu diesem Tiermärchen passt, wenn es sich natürlich eigentlich an Menschen richtet, die unbesonnen irgendein Bild falsch verstehen:

No crea que la Luna es queso, porque mira redonda. = Glaube nicht, dass der Mond ein Käse sei, weil er rund aussieht.

Abb. 23: Mixtekischer Herr mit Namen "9-Kaninchen-Jadebeil"
(Codex Nuttall, lám. 57)

Kaninchen und Kojote
Tiermärchen bei den **Zapoteken vom Isthmus von Tehuantepec**

Nahe einem Dorf hatte ein Bauer neben seiner Hütte im Garten allerlei Gemüse angebaut. Und es trug sich zu, dass jede Nacht jemand eine große Anzahl von Chile-Schoten und Tomaten stahl. Er hielt stets gut die Augen auf und behielt seine gesamte Anlage unter Kontrolle; aber niemals konnte jemand den Dieb sehen, obwohl der Bauer den Verdacht hatte, dass dies Kaninchen sei. Der Bauer ging ins Dorf zum Pfarrer, um ihn zu fragen, was man machen könnte. Der Pfarrer riet ihm das, was gleich erzählt werden soll.

Der Bauer nahm seine Axt und suchte im Wald nach Honig wilder Bienen. Er hatte die Absicht, mit dem schwarzen Wachs ein Männchen zu machen und es aufrecht in die Mitte der Pflanzung zu setzen. Es fiel schmelzend zur Erde, als der Mann das gespenstische Wesen in der Sonne beließ. In der Mittagsglut schmolz das Wachs. Als die Nacht zum Hause des Bauern kam, betrat Kaninchen die Pflanzung. Die Ohren gleichzeitig nach hinten und wieder nach vorne schwenkend, sagte es, als es das Schreckgespenst sah: "Ich komme nicht, um zu stehlen, sondern um eine Tomate zu erbitten."

Aber das schwarze Männchen bewegte den Mund nicht. Kaninchen wiederholte seine Bitte das eine um das andere Mal; und da es ihm nicht antwortete, gab es ihm einen Schlag ins Gesicht und dabei klebte ihm die Vorderpfote fest.

"Lass mich los, oder ich töte dich!" Aber der Schwarze blieb stumm. Kaninchen klebte ihm eins mit der anderen Vorderpfote und es geschah ihr auf dem weichen Wachs wie ihrer rechten Gefährtin. Eine Beklemmung begann, Kaninchens Herz zu umschlingen; aber es weinte nicht, noch kam ein Flehen über seine Lippen. Im Gegenteil, es verfluchte ihn, es bedrohte ihn und gab ihm schließlich Schläge, bis es ganz festgeklebt war.

Jene Nacht fand Kaninchen nicht schlafend, da es nicht zu seinem Bau zurückgekehrt war. Und das Gleiche geschah der Dunkelheit, als sie ihr Sternenlicht versprengte, und auch, als sie ihr Licht verblassen ließ. Der Morgen duftete wie eine Blüte, als der Bauer zu seiner Pflanzung kam. Da schwand in der Seele des Kaninchens die Hoffnung auf Rettung dahin.

In einem Netz brachte man es zum *Jacal* [dem Haus]; und der Mensch befestigte es hinter dem Jacal an einem Baum. Die Hütte stand einsam im Wald, und hätte die Axt ihnen die Wurzeln nicht abgeschlagen, wären die Bäume schon vor langer Zeit darüber hinweggewuchert. Und so kam es, dass sie sehr dicht standen. Durch den Wald näherte sich Kojote, der vor Hunger jaulte. Wir haben aber vor Kojote Angst, weil er der Hund des Teufels ist, obwohl er ein Kreuz auf der Stirn trägt. Der Mensch verriegelte daher seine Tür so, als wäre Kojote der Tod, der frei herumläuft. Er kam bis zur Hütte heran, weil er ein Schwein stehlen wollte, und traf unvermutet auf Kaninchen.

"Was machst du denn da in dem Netz?" "Dies ist das Haus meines Freundes. Ich bin hier drin, weil es eine alte Sitte ist, liebe Menschen so zu behandeln. Hier werden sie mir gebratenes Fleisch zu essen und Schokolade zu trinken geben." Dies sagte es mit großer Zufriedenheit, aller Sorgen enthoben, wohl wissend, dass Kojote eine besondere Schwäche für gebratenes Fleisch und Schokolade hat. Und Kojote schnitt ihm die Worte ab, indem er es bat, dass es ihm erlauben möge, zu ihm hineinzuschlüpfen, und dass es ihm etwas von jenen zwei Sachen abgeben möge.

"Das kann ich nicht machen. Was wird mein Freund denken? Er würde sagen, dass ich allein der Eingeladene bin – ohne Freunde." Aber Kaninchen verweigerte sich aus keinem anderen Grunde, als den Wunsch von Kojote noch zu vergrößern; deshalb sagte es ihm nach vielen Bitten: "Also gut. – Komm herein!"

Kojote zwängte sich hinein, und als er drinnen war, fuhr Kaninchen fort: "Ich werde gehen und meinem Freund sagen, dass ich dich eingeladen habe; so wird er eine Portion hinzufügen. Wenn ich mich verspäte, kümmere dich nicht darum; wenn du sie ‚der Bratspieß‘ sagen hörst, denk daran, dass es das Fleisch ist; und wenn es heißt ‚heißes Wasser‘, dann ist es die Schokolade." Und es verschwand und zog einen Schwanz des Schweigens hinter sich her.

Als das Jaulen des Kojoten aufgehört hatte, bereitete man in der Küche den Bratspieß vor, und das Wasser begann zu sieden. Einen Augenblick später kamen sie mit dem Bratspieß und dem heißen Wasser daher. Sie schütteten das Wasser über den Kojoten; der Arme zerriss das Netz und lief über die Ebene davon, bis die Hitze aufhörte, ihn zu verfolgen.

Seitdem hasste Kojote Kaninchen bis auf den Tod und suchte es überall, um sich zu rächen.

Es war Nacht. Der Lärm war zu Füßen des Berges mit kurzer Leine festgebunden. Da gelangte Kaninchen an einen See. Bis hierher hat es die Erinnerung seiner Bosheit vom Morgen verfolgt. Aber beim Blick ins Wasser vergaß es sie. Zur gleichen Zeit kam Kojote daher. Und wie ein Kater, wenn er durch Schlamm geht, lief er auf Zehenspitzen, jedoch nicht aus Furcht, sondern um Lärm zu vermeiden. Kaninchen fühlte es, als Kojote sehr dicht heran war und über den Schlamm hin die Pfote nach ihm ausstreckte. Kaninchen wollte den Wasserspiegel zerbrechen, aber obwohl es so viele Dinge weiß, konnte es nicht schwimmen. So kam es, dass es keine Anstalten machte zu fliehen. "Erinnerst du dich, was du heute am Morgen getan hast?"

Und Kaninchen antwortete: "Ich war das nicht. Das war vielleicht mein Bruder, dem ich sehr ähnlichsehe. Sag mir, was gefällt dir mehr, Käse oder Fleisch? Ich bin sehr klein und das Einzige, was ich erreichen würde, wäre, deinen Hunger noch mehr anzuregen!"

"Den Käse; dich aber muss ich wegen der Rache fressen, nicht aus Hunger!"

"Es ist gut; aber zuerst werden wir den Käse essen." Und es zeigte ihm den Mond, der ins Wasser gefallen schien. "Es ist sehr einfach: wir trinken erst die Molke, bis wir sie austrocknen, und dann ist der Käse unser!"

Und einer neben dem anderen neigten sie sich hinunter, um zu trinken. Aber Kaninchen trank nur einige Tropfen; dann beugte es sich weiter hinab und tat nur noch so, als trinke es. Kojote, dumm, wie es schlimmer nicht sein konnte, trank verzweifelt, bis das Wasser ihm wieder herauslief. Da sagte er: "Stopf mich zu!"

Kaninchen lief nach Blättern und steckte ihm einen ersten Pfropfen hinten hinein. Dann suchte sich die Molke einen Weg durch die Ohren und neue Blätter verschlossen sie.

‚Ich könnte jetzt fliehen‘, sagte sich Kaninchen, ohne den Mund zu bewegen, ‚aber ich will ihn bersten sehen!‘ Und es kehrte mit neuen Blättern zurück, um Kojote die Augen und die Nasenlöcher zu verstopfen. Schon waren alle Wasserquellen an ihm zugestöpselt. Man musste warten, dass er platzte: Der Wasser dehnte sein Fell aus, bis es zerriss. Kaninchen sagte daraufhin: "Ich habe dich erneut hereingelegt!" – und verschwand.

Kojote war mehrere Tage krank. In sein Versteck kamen ihn nur die Fliegen besuchen. Der Gedanke an Rache ließ ihn sich in seinem Bau hin- und herwerfen, bis ihm schwindlig wurde. Das Schicksal hatte ihm eine andere Todesart bestimmt und so schlossen sich seine Wunden sehr bald. An dem Tag, an dem er sich vorkam, als sei er neu geboren, verließ er sein Haus, um seinen Feind zu suchen. Kaninchen seinerseits vertraute vollständig seiner Intelligenz und der Schnelligkeit seiner Pfoten, um sich zu verteidigen. Aber nicht deswegen allein waren seine großen Ohren unaufmerksam gegenüber dem Lärm, der die Luft erfüllte. Und die beiden durchscheinenden Ohrenblätter drehten sich nach vorn und zurück.

Es war Mittag, als Kojote am Fuße eines *Pitahaya* [– Kaktusbaums] ankam. Auf einem der Äste saß sein Feind und er sagte zu ihm: "Komm herunter. Heute hast du keine Fluchtmöglichkeit!"

"Sei nicht dumm, möchtest du Kaktusfrüchte essen?" "Ja, aber anschließend fresse ich dich!"

"Öffne den Mund und schließ die Augen!" Kaninchen warf ihm nacheinander zwei gehäutete *Pitahayas* hinunter; aber die dritte, borstig vor Dornen, ließ Kojote vor Schmerzen aufschreien; und er riss die Augen auf: da sah er zu gleicher Zeit Kaninchen fliehen; es war stolz darauf, dass es ihn wieder hinters Licht geführt hatte.

Kojote spuckte die Pitahaya aus. Er floh und bespritzte den Boden mit dem Blut, das ihm aus der Kehle schoss. An einer Wasserpfütze trank er, um sich die Wunde auszuwaschen. In der Nacht schlief er sehr schlecht. Vom frühen Morgen des nächsten Tages an durchstreifte er das Gebirge auf der Suche nach Kaninchen. Ermüdet verhielt er für einige Augenblicke und war fast bereit, seinen Wunsch nach Rache aufzugeben, aber die Wut war größer als die Müdigkeit. Und erneut machte er sich auf den Weg. Bevor seine Müdigkeit schwerer wog als sein Zorn, stand er plötzlich Kaninchen gegenüber. Dieses hatte ihn schon zuvor gesehen, lief bis zum Fuße des Hügels, dessen Ausläufer es betrat; es hob die Pfote, stellte sie gegen einen großen Stein und sagte, als Kojote sich auf es stürzen wollte: "Du weißt offenbar, was du tust. Es ist sicher, dass, wenn ich die Hand von diesem Felsen wegziehe, die Welt über uns zusammenstürzt."

Kojote zog seine Pfote zurück, die er schon vorgestreckt hatte. In seinen Augen bebte ein furchtsamer Blick und er glaubte Kaninchens Lüge. Und nicht nur das; als er eingeladen wurde zu helfen, bot er seine untätigen Pfoten dazu an. Kaninchen nahm die, wie es sagte, müde gewordene Hand weg und erklärte: "Ich werde einen Riemen holen, um den Felsen festzubinden und ihn von der anderen Seite zu halten."

Es war schon alles vorbereitet; und es band nicht nur den Felsen, sondern auch Kojote an. Es zurrte den Riemen am Wurzelwerk eines Baumes fest und verschwand, ohne eine Spur zu hinterlassen.

Als Kojote sich der Täuschung bewusst wurde, biss er den Riemen durch und verfolgte Kaninchen den Rest jenes Tages mit mehr Erbitterung als die vorherigen Male und schwor, dass er eine weitere Täuschung nicht dulden würde. Die Nacht kam, um sich mit seinem Feind zu verbünden, und Kojote verzichtete darauf, ihn in der Dunkelheit zu erraten, und kehrte zurück, um zu schlafen. Kaum erhellte der Morgen die Luft, begann Kojote auf der Suche nach Kaninchen durch die Ebenen zu streifen, den Bauch voller Wut.

Er hatte mit den Augen alles außer jenem Schilfgürtel abgesucht, zu dem ihn, bleich vor Durst, seine Einbildungskraft trieb. Er suchte dessen Inneres auf, denn seine Füße trugen ihn dorthin, um den Durst zu stillen. Da traf er Kaninchen, das keine Zeit mehr hatte davonzulaufen.

"Heute ist es endgültig soweit!" "Du weißt, dass der größte Tag unseres Lebens der ist, an dem wir heiraten. Stell dir vor, ich bin alleine und habe niemanden, der meine Braut abholen kann, die in kurzer Zeit hier eintreffen wird. Bleib du in meinem Haus; ich selbst werde sie treffen. Wenn wir vereint sein werden, wird es ein großes Festmahl geben, bei dem du alles trinken kannst, was du möchtest. Du wirst das Feuerwerk und Musik als Signal dafür hören, dass wir uns nähern."

"Gut denn!" Kaninchen lief an den Rand des Schilfgürtels, bis dorthin, wo ein trockener Palmwedel lag; den zündete es an und zog ihn umherspringend hinter sich her. Und das Schilf fing an zu brennen und zu krachen und Kojote sagte: "Da kommen Kaninchen und seine Braut schon!" Die Flammen sprangen auf und verbreiteten sich schnell. Als er das Feuer aus der Nähe sah, heulte Kojote vor Furcht; und als er flüchtete, leckten die Flammen schon über seinen Körper hin. Kaninchen folgte ihm dicht auf den Fersen, um ihm nachzuschreien: "Adios, verbrannter Onkel!"

Und mit der Schnelligkeit seiner Pfoten ausgerüstet, machte es sich über den Zorn seines Opfers lustig. Aber die Furcht ärgerte sich darüber, ständig aufpassen zu müssen; und als Kaninchen es einige Stunden später wahrnahm, berührte Kojote es schon mit seinem Schatten. Kaninchen sagte als allererstes: "Das, was ich mir sehnlichst gewünscht habe, bekomme ich nun. Ich bin zum Schullehrer ernannt worden. In jenem weißen Haus mit den vielen Fenstern habe ich angefangen, Stunden zu geben. Gerade eben habe ich ihnen eine Stillbeschäftigung gegeben und deshalb sprechen meine Schüler nicht…" Und es hob den Zeigefinger, um auf ein Wespennest zu zeigen. "Übernimm ein wenig die Betreuung dieser Kinder; so wirst du etwas von der Freude abbekommen, auf die wir alle Anrecht haben. Danach, wenn der Hunger der Arbeit folgt, wirst du mein Fleisch fressen."

Kojote war damit einverstanden, sich der Schule anzunehmen, und Kaninchen verabschiedete sich von ihm mit der Absicht, zu essen sowie auszuruhen, und sagte ihm: "Wenn du hörst, dass sie die Stimme erheben, schlage mit diesem Lineal gegen den Ast und zeige ihnen damit an, dass sie schweigen sollen."

Es ging, aber beim Weggehen stieß es gegen den Baum und die Wespen erwachten und begannen zu summen. Da erfüllte Kojote seinen Auftrag und jede der Wespen senkte ihren Stachel in ihn hinein.

Blind an den Augen wegen der geschwollenen Lider und außer sich vor Wut schleppte Kojote mehrere Tage die Erinnerung an seine Schmach mit sich herum. Aber Erfahrung gewinnt man nicht, wenn man nicht alle seine Intelligenz einsetzt; und sicher ist, dass Kojote sein ganzes Leben lang dumm ist. Mehrere Tage und Nächte dachte er über die Form der Rache nach, die er nehmen würde, und er kam zu diesem Ergebnis: "Ich darf es nicht zu Worte kommen lassen. Wenn es sich verteidigen will, wird es schon zu spät sein." Mit diesem Vorsatz machte er sich auf, es zu suchen.

Kaninchen verlor keinen einzigen Augenblick. Nachdem es die Schule in der Obhut von Kojote gelassen hatte, ging es auf die Suche nach den anderen Kaninchen, um eine neue Art Täuschung auszuprobieren, wenn es seinen Feind ein weiteres Mal treffen würde. Wie Kojote kannte es alle Kaninchenbaue und verlor keine Zeit, mit verschiedenen Kaninchen zu sprechen: "Kojote, euer wie mein Feind, hat mir gesagt, als wir uns das letzte Mal sahen, dass er den Wald von uns allen völlig frei räumen will. Es ist notwendig, dass wir Übereinstimmung erzielen, sonst wird jenes verfluchte Tier uns eins nach dem anderen zerreißen."

Und es verschwand, ohne sich zu verabschieden. Als es ein anderes Kaninchen traf, sagte es ihm dasselbe, und dieses pflichtete ihm bei. Und das Kaninchen, mit dem es zuletzt gesprochen hatte, trennte sich nicht von ihm.

"Ich werde den Weg entlanggehen und du am Rand des Waldes. Wenn wir Kojote treffen, dann werde ich ihm sagen, dass es übergenug bekannt ist, dass er schneller als wir laufen kann, und ich werde ihn bitten, dass er mir die Freude machen solle, im Laufen zu sterben, denn rennen ist für uns das größte Vergnügen. Dann werdet ihr euch entlang des Weges in Streckenabschnitten niederkauern. Wenn er zum ersten kommt, springt es mitten auf den Weg, um bis dorthin zu rennen, wo sich das nächste befindet, das dann die Aufgabe übernimmt, die Strecke auszufüllen, die es vom dritten trennt, und so werden wir ihn müde kriegen."

Sie wanderten einige Zeit den Weg entlang, und als sie einen Ort erreichten, an dem sich mehrere Wege trafen, sagte Kaninchen zu seinen Freunden: "Ruhen wir uns aus. Früher oder später wird er hier vorbeikommen."

An diesem Ort kamen alle Bewohner des Urwaldes vorbei; dort kam auch das zahme Vieh vorbei, das von den schwarzen Hirten der Pferdefliegen gestohlen war. Danach kam Kojote. Im Unterschied zu den anderen Gelegenheiten sprang Kaninchen zu diesem Treffen hervor und sagte ihm: "Ich bin mir meiner Schuld bewusst geworden und ich weiß selbst, dass du recht hast."

Es wiederholte das gleiche, was es seinen Freunden gesagt hatte, dass es nach dem Rennen sterben wollte.

Nun nahmen die anderen Kaninchen ihre Posten ein, wie es erklärt hatte; eines vor dem anderen am Rande des Waldes. Das Rennen beginnt, und einige Meter nach dem

Start schlägt Kaninchen einen Haken und sein Freund springt mitten auf den Weg, hetzt dahin, bis es den nächsten erreicht.

Kojote schrie: "Wo bist du?" "Hier", antwortete ihm eine Stimme, die wie ein Stafetten-Läufer dahinschoss; so liefen sie, bis sie ihn müde gemacht hatten.

Jedes Mal war es leichter, eine Lüge zu finden, die der Wahrheit genügend ähnlich sah, um den Kojoten zu täuschen, und Kaninchen war bereit, sich zu verstecken, bis die Gelegenheit für sie alle da wäre, dass es mit seinem Feind völlig zu Ende ginge.

Der Tag starb und das Vieh suchte den Strand auf, damit der Wind die Pferdefliegen vertriebe und es schlafen konnte. Kaninchen wollte nicht im Wald bleiben und begab sich ebenfalls ans Meeresufer. Auch Kojote kam, er kam als letzter auf den Sandstrand. Kaninchen sah ihn kommen und rief ihm von weitem zu. "Möchtest du eine Färse fressen? Mit mir erreichst du dein Ziel nicht, sieh, das einzig große, das ich habe, sind die Augen und Ohren. Ich könnte sie fesseln, aber mir fehlt der Schwanz, um den Riemen festzuzurren. Da du einen hast, wirst du das Pferd sein und ich der Reiter, der sie einfängt." "Einverstanden!"

Und Kaninchen lief in den Wald und kam mit einer langen Liane und zwei scharfen Dornen zurück, die ihm als Sporen dienen sollten. Mit offenen Augen bestieg Kaninchen Kojote und dieser raste so schnell, wie er nur konnte, auf die Rinder los. Aber Kaninchen fing nicht eine Färse, sondern einen Stier mit dem Lasso. Und der Stier schleifte Kojote hinter sich her und zerriss ihn in Stücke. Hier blieb eine Pfote liegen, dort der Schwanz, weiter vorne der Kopf…

So endete die Geschichte von Kojote und Kaninchen, das von Ferne alles beobachtete. Und befreit von seinem Feind ging es los, um unter allen Tieren die Geschichte zu verbreiten. Und wir konnten noch nicht herausfinden, woher der erste Mensch sie kannte, der sie erzählt hat.

(nach Andrés Henestroza: Los hombres que dispersó la danza. SEP México 1929/1987: 107-116)

Abb. 24: Kaninchen al Mondträger
(Codex Borgia, lám. 33)

Deutlich wird aber, wie auf entsprechende Menschen und ihre Charaktereigenschaften in Mexiko die folgenden Sprichwörter in Anwendung kommen, die aus den Ideen solcher Tiergeschichten gespeist werden: Como los conejos: misteriosos y pendejos. = Como el conejo: malicioso, pero pendejo. = Es algo como el conejo, chaparro, orejón y pendejo.

= Wie die Kaninchen: mysteriös und dusselig = Wie das Kaninchen: arglistig, aber dusselig = Es ist etwas wie das Kaninchen, unangenehm, großohrig und dusselig.

Coyote que el llano baja, el pellejo arriesga.

= Kojote, der in die Ebenen hinabsteigt, riskiert sein Fell.

(nach Herón Pérez Martínez: Los refranes del hablar mexicano en el siglo XX. Conaculta, México 2002)

Abb. 25: Kaninchen im Schild des Vogels des Südens als der Gegend der Dürre und Tageszeichen Kaninchen
(Tonalamatl de los Pochtecas = Codex Fejérváry Mayer p. 1)

Doch nicht nur mit dem Kojoten hatte sich das Kaninchen im Einzelfall auseinanderzusetzen, sondern auch mit anderen Tieren. Diese zeigten mehr Kraft, siegten deswegen aber durchaus nicht etwa, sondern unterlagen Kaninchen – zumindest zeitweilig während der erzählten Rangeleien. Dies verdeutlicht das Tiermärchen

Kaninchen und Tapir,
das **von den Zapoteken vom Isthmus von Tehuantepec** *überliefert ist.*

Die Sirenen sangen den letzten Sternen am Morgenhimmel ihre Lieder zu. Auf dem glänzenden Strand lagen halbgeöffnete Muscheln wie die Reste von dort hingeworfenem geheimnisvollem Tafelgeschirr. Einem Blutgesang vergleichbar erhob sich der Tag aus dem Meerwasser.

Kaninchen erlitt die Illusion einiger Martern auf der Flucht. Dann glaubte es, den Einsturz eines flüssigen Gebirges zu erblicken. Schließlich spürte es von weither das Meer. Nach allen Seiten war die Trockenheit spürbar. Die Wasserlöcher verwandelten sich in Erdkruste. Die Waldtiere wurden zu Durstflammen.

Nur der alte Tapir fand am Strand eine Ader süßen Wassers. Er grub ein Loch und überließ es der Obhut des jüngsten Tapirs. Kaninchen wusste das und deshalb war es zur Meeresküste herabgekommen.

"Bruder, lass mich einen Tropfen Wasser trinken!" sage es zum jüngsten Tapir. "Mein Vater hat befohlen, dass ich keinen trinken lassen soll. Es ist nur wenig Wasser und kann sich erschöpfen." "Ich möchte nur meine Zunge und meinen Mund befeuchten", antwortete Kaninchen. "Trink und verschwinde, bevor mein Vater erscheint!" erwiderte der kleine Tapir.

Kaninchen trank, so viel es konnte, und dachte mit Trauer daran, dass die Kräuter vertrocknet waren. Als sein Durst gestillt war, tat es so, als ob es ausglitte, und füllte mit den Pfoten den Grund des Wasserlochs mit Sand. Der kleine Tapir weinte über die Undankbarkeit, während Kaninchen sich davonmachte und das ‚Lied von den Regengüssen' sang: ***"Uaua rende nisaguiedee!"*** [= Feiner Regen, dünner Regen!]

Der alte Tapir – in Zorn gebadet – stellte seinen Brunnen wieder her. "Zwei von euch werden jetzt Obacht geben, sagte er zu seinen Söhnen. Wenn Kaninchen wiederkommt, fesselt es mit diesen Lianen!" Und er ging auf Nahrungssuche.

An diesem Tag herrschte am Strand eine wahre Gluthitze. Kaninchen wurde von seinem Durst erneut zum Wasserloch getrieben. Das Vorgefühl einer Hinterlist ließ es plötzlich zögern.

"Ich weiß schon, dass Vater Tapir auch gesagt hat, dass ihr mich gut empfangen sollt!" rief es ganz leise aus einer bestimmten Entfernung. "Du lügst!" antworteten einstimmig die kleinen Tapire. "Komm her und wir werden nicht zögern zu sagen, dass diese Lianen um ein Kaninchen herumgewachsen sind!"

Als es die Gefahr entdeckt hatte, kehrte Kaninchen zurück, um eine List zu ersinnen, damit es doch noch Wasser trinken könnte. "Dies ist dein letzter Tag, Freund!" blökte eine Gebirgsziege grob, die sich heimlich hinter Kaninchen aufgebaut hatte. Sich nach seiner Feindin umdrehend sagte Kaninchen zu ihr: "Ich weiß, dass du wie ich vor Durst stirbst. Wenn du mich tötest, wirst du ebenfalls sterben, denn du wirst nicht einen Tropfen Wasser in dieser Gegend finden. Stattdessen warte auf mich und wir beide werden trinken können."

"Wir halten Frieden!" blökte die Ziege, ein Traumbild von Wasser vor Augen. "Folge mir! Zwei Schritte bringen uns an den Rand eines Brunnens, der von zwei Tapiren bewacht wird. Ich werde sie um Wasser bitten. Wenn sie es verweigern, dann werde ich niesen. Das ist das Zeichen dafür, dass du jenen angreifst, der dir am nächsten ist. Ich werde mich des anderen annehmen."

"Ihr Freunde Tapire, lasst uns unseren Durst mit einem Schluck Wasser stillen!" rief Kaninchen. Die Tapire wollten es packen. Es nieste und einer der Tapire wälzte sich, vom Stoß eines Ziegenhorns getroffen, auf dem Strand. Kaninchen nahm eine Handvoll Sand und machte die Augen des anderen Tapirs blind.

Kaninchen und Ziege tranken, so viel sie konnten. Danach schütteten sie den Brunnen zu.

Xumbé, die weißen Reiher des Meeres, suchten weiterhin den Regen am anderen Ende des Himmels. Die durstigen Tiere erwarteten vergeblich den Faden ihres Flugbildes, als der Nachmittag herabsank. Der alte Tapir gräbt zornentbrannt seinen Brunnen wieder aus.

"Ist es möglich", sagte er, "dass Kaninchen, so klein es ist, sich über zwei junge Tapire lustig machen kann? Mir wird vor Schande das Gesicht bleich. Ihr bleibt zu dritt, um den Brunnen zu bewachen!"

Die drei stärksten Tapire errichteten ihren Wachposten direkt am Brunnen. Es dauerte nicht lange, da erschien Kaninchen, von der Ziege begleitet. Die Tapire packten letztere und vergaßen Kaninchen, das ruhig trank.

Als alle Tapire versammelt waren, errichteten sie einen Schuppen. Da zogen sie die mit Lianen gefesselte Ziege hinauf. "Dort wird sie bleiben", entschied der alte Tapir, "während die Trockenheit uns die Nahrung verweigert!"

Ein umherirrender Stier furchte den Strand mit Linien von prahlerischen Drohungen. Vor Hitze und Durst brüllend griff er wütend den Schuppen an, der, als er zusammen-stürzte, die Ziege auf die spitzen Stangen spießte.

Am hohen Himmel tropft der Regen von den Schnäbeln der Reiher herab!

(nach Gabriel López Chiñas: Vinnigulasa; México 1940/1960: 91-93)

Abb. 26: Kaninchen als Symbol für Mangel, Hunger und fehlenden Regen, auf einer Schlange sitzend
(Maya-Codex Dresdensis, pág.61)

Im Tiermärchen
Kaninchen und Kaiman
der **Zapoteken des Isthmus von Tehuantepec** *geht es ebenfalls um die Versorgung mit Wasser*

Die Himmelszeit war die Hitzeperiode. Und diese Zeit lag heiß und trocken über der Erde. Vor dem Gesicht der tiefen Nacht, vor dem schweigenden Gesicht jedes Morgens verringerten sich die Wasser der Lagunen. Der große Wasserkrug Gottes blieb leer und die Lebewesen waren durstige Zungen. So waren die Tage in jener Zeit des Himmels, als ein Esel zur Lagune herabkam. Während das geschlürfte Wasser seine Kehle hinaufrann, drang ein bemitleidenswertes Stöhnen an seine Ohren. Es war Kaiman, der vor Angst unter einem Stein hervorheulte, der seinen Kopf niederdrückte.

Das Zepter von Kaiman ist der Terror. Alle Tiere fürchten es. Dennoch setzte sein Pech des Esels Güte frei, der ihm Hilfe anbot. "Einen schlechten Tag trafst du auf dem Weg, Kaiman", sagte der Esel. "Schlechte Tage drücken mich unter diesen Stein, Bruder Esel. Schaffe mir mit deiner Hilfe Erlösung!"

Ein Fußtritt des Esels zerschlug die Züchtigung von Kaiman. "Danke, Freund Esel, du hast den Stein von mir genommen, aber du hast mich nicht von dem Durst errettet. Das Wasser ist weit; ich bin übel zugerichtet. Trage mich zum tiefen Traum der Lagune!"

Herzensgut, wie der Esel war, wollte er seine Tat abrunden. Auf seinem aschefarbenen Rücken reitet nun Kaiman. Das Wasser erblüht in Blasen zwischen seinen Hufen und steigt, bis es ihm die Knie küsst. "Gleite herunter, Kaiman! Hier wirst du nicht vor Durst sterben!"

"Du bist gut, Bruder Esel, aber du bist nicht vollkommen. Ich kannte deine Großeltern; sie waren vollkommen, kein Werk ließen sie unvollendet. Du siehst ihnen ein wenig ähnlich. Wenn du so sein willst, wie sie waren, trage mich bis dorthin, wo das Wasser nicht so bald austrocknet."

Der Esel ging weiter. Die Lagune öffnete ihre Kehle und Kaiman gewann seinen Thron wieder. Herr des Wassers, vergisst er das vergangene Elend und bedroht den Esel mit dem Tode. Vergebens bat das arme Tier um den Gegendienst. Kaiman gibt nicht nach.

"Gut", sagte der Esel, "warten wir, dass ein anderer urteile und unseren Fall entscheide. Wenn mein Dienst den Tod verdient, werde ich die Strafe erleiden. Wenn das nicht so ist, wirst du mich freilassen." "Ich will in deinen Augen nicht undankbar erscheinen, ich stimme zu", antwortete Kaiman.

Langsam die Hufe nachziehend, als wären sie schwere Ketten, näherte sich ein altes Pferd der Lagune. Auf seinem Rücken zeigten blutige Krusten die Existenz tiefer Wunden. Einige Tropfen frischen Wassers unter dem Feuer der Sonne gewährten ihm eine Unterbrechung seiner Qual.

Vor Furcht zitternd erzählte Esel ihm seinen Kummer. "Was verzehrst du dich?" urteilte das Pferd. "Dankbarkeit gibt es nicht. Von Jugend an trug ich meinen Herrn zu seinen Arbeiten und auf seinen Spazierritten fügte ich Anmut hinzu. Heute, da ich alt und gebrechlich bin, hat er mich mit Stockschlägen aus seinem Haus gejagt." Kaiman versucht, den Esel zu verschlingen. Dessen Bitte lässt ihn einhalten: "Warte, Kaiman! Dein Herz ist nicht so hart wie deine Haut. Wir wollen eine andere Meinung hören."

Mit toter Seele kommt ein starker Ochse daher und leckt das Wasser, das die breiten grünen Blätter der Wasserlilien liebkost. Nachdem er die Beschwerde des Esels gehört hatte, sagte er: "Was verzehrst du dich! Die Geschicklichkeit meiner Jugend bearbeitete meinem Herrn die Ländereien. Heute werde ich zum Schlachthof gebracht und das Messer wird mir den Tod geben."

Eine erneute Bitte hält Kaiman zum dritten Mal zurück – der gleichen Antwort gewiss. Über dem mit Gras bedeckten Pfad lässt Kaninchen seinen kleinen Körper sehen. Nach beständigem Springen richtet es sich am Rand des Wassers auf, wo es die Klagen des Esels anhören muss. Sich schnell auf die brauchbaren Früchte seiner List besinnend, antwortet es:

"Mir ist es unmöglich, sofort zu entscheiden. Ich fürchte, ungerecht zu sein. Begeben wir uns an den Ort des Geschehens und seine Rekonstruktion wird mir die sinnvolle Lösung bringen."

Die Auskunft von Kaninchen überzeugte Kaiman. – "Strecke dich gut über den Schlamm aus", befahl Kaninchen, "und du, Esel, lege ihm den Stein auf den Kopf." Der Esel gehorchte furchtsam.

"So hast du dich befunden, Kaiman?" fragte Kaninchen. "Ja, Herr, so habe ich mich befunden." "Dann, Esel, lass ihn so!"

Himmel, Erde und Wald, welche Hitzezeit!

(nach Gabriel López Chiñas: Vinigulasa. Cuentos de Juchitán, México 1940/1960: 85-87)

Abb. 27: Datum Jahr 8-Kaninchen, Tag 4 Wind
(Codex Nuttall, lám. 68)

Eine Variante dieses Tiermärchens von den
Zapoteken des Isthmus von Tehuantepec
wurde **Kaninchen und Kaiman werden Feinde** *genannt:*

Wenn diese Geschichte in der Epoche geschehen wäre, als die Tage und Monate schon Namen trugen, würde man den Monat April genannt haben.

Es geschah, was in den trockenen Monaten des Jahres zu geschehen pflegt, dass die Gewässer sich mehr und mehr verringerten, bis auf der weißen Weite des toten Meeres nur noch ein Tümpel vorhanden war. Das Wasser wollte vergehen; aber nahe dem Wald hielt es ein Mangrovenbaum zurück. Die Wurzeln dieses Baumes befinden sich in der Luft und das Wasser zu seinen Füßen ist tief. Aber die Hitze hielt an und mitten im folgenden Monat betrug die Tiefe nur noch eine Spanne.

Damals wusste man, dass dort Kaiman lebte, denn die Hälfte seines rauen Körpers verbrannte in der Sonne. Es gab zwei parallele Wurzeln, durch die Kaiman in guten Zeiten das eine und andere Mal hindurchzugleiten pflegte. Eines Tages fielen sie ihm in Erinnerung an dieses Spiel in die Augen und er wollte das Spiel wiederholen; aber mit der Mitte seines trockenen Körpers blieb er während der Übung hängen.

Man erzählt, wäre er in der Tiefe des Flusses oder des Meeres festgebunden, könnten ihn nicht einmal mehrere Ochsen ans Ufer ziehen: so groß ist seine Kraft. Aber diesmal lag der Fall anders und er konnte die zwei Wurzeln nicht zerbrechen, die ihn gefangen hielten. Er wäre dort gestorben, wenn der Esel nicht gleichsam vier Steine als Hufe gehabt hätte, um sich nicht die Füße zu verbrennen. Niemand außer ihm hatte kommen können, indem er die weiße Glut betrat, in der sich Kaiman befand, und der sagte zu ihm, als er ihn sah: "Wohin gehst du, Freund?"

"Ich gehe seit einigen Tagen umher", sagte er, "um ein bisschen Süßwasser zu suchen. Ich will den Strand überqueren, denn ich habe sagen hören, dass an der anderen Seite viele Bäche sind." Und er zeigte auf eine grüne Waldlinie in der Ferne.

"Schlag dir diesen Gedanken aus dem Kopf." Ohne zu antworten, ließ der Esel diesen Gedanken fallen. "Ich weiß, wo hier nahebei genügend Wasser ist. Wenn du mir hilfst, von diesem Platz wegzukommen, sind wir in kurzer Zeit dort."

Der Esel zerbrach die Falle, in der sich der Kaiman befand, und zog ihn aus dem Wurzelwerk hervor. Kaiman hatte keine Kräfte mehr, um sich fortzuschleppen, und der Esel legte sich auf den Boden, denn das Jammern seines Freundes erreichte sein Herz. Kaiman warf sich über den Rücken des Esels und sie zogen los.

Als sie an das Loch kamen, das der Weg in den Wald geschnitten hatte, stand die Sonne schon ein wenig tiefer.

Der Esel kennt kein Zaumzeug: seine Nachgiebigkeit leiht er, aber viele Male gibt er die dann nicht, wenn der Mensch sie am nötigsten hat; dann ruht er lieber aus. Und diesen Tag konnte er sie viel weniger freiwillig geben, denn Kaiman benutzte seine Pfoten, um ihn gefangen zu halten. Der Mensch pflegt den Esel zu führen, indem er ihm mit einem Zweig das Auge verschließt, das entgegen der Marschrichtung liegt, die er braucht; und der Esel folgt dann dem Weg, der sich vor seinem offenen Auge erstreckt. Aber Reittier und Reiter sprachen an diesem Tage die gleichen Worte und Kaiman gab für jede neue Richtung von oben seinen Befehl und der Esel folgte ihm.

Nach einem längeren Weg trafen sie auf einen Duft von Wasser und ein Flimmern der Luft über dem Pfad. Kaiman sagte: "Wir sind schon ganz nahe." Und der Esel – sprachlos – streckte den Hals vor, um die Luft zu trinken, als wenn sie ein Wasserstrahl wäre. Er vergaß den üblichen kurzen Schritt und der Trott fiel in seine Füße hinab. Er verfolgte die Stunde, die vor seinen Augen dahinlief, und er rannte los, bis er an das Wasserloch gelangte. Das Rund des Wassers war völlig unbeweglich und wegen des Guten, das es zu verschenken hatte, schien es ein Stück herabgefallenen Himmels zu sein.

Erneut ließ sich der Esel auf den Boden fallen. Kaiman sagte: "Danke."

Und wie verzaubert kam das Wasser in Wellen ans Ufer. Auch der Esel trank. Die Furcht, sich zu verirren, ließ ihn seit diesem Nachmittag am kurzen Riemen laufen; es hielt ihn in der Nähe. Es gab genügend Spuren in Richtung auf das Wasser und der Esel wurde sich dessen bewusst, dass sie von allen Bewohnern des Landes stammten; nur er hatte jenen Ort nicht gekannt.

Dreimal kam er, während die Sonne schien, um zu trinken, aber weder am Tage noch in der Nacht sprach er wieder mit Kaiman. Der Tag, an dem der Esel Kaiman zum Wasserloch geschleppt hatte, war noch nicht sehr fern, aber die Erkenntlichkeit von damals nahm jener nicht zur Kenntnis. Und zur gleichen Stunde eines nächsten Tages nach demjenigen, an dem sie sich mitten in der Hitze getroffen hatten, biss Kaiman, nachdem er lange unbeweglich am Ufer des Gewässers unter der Oberfläche gewartet hatte, dass der Esel zum Trinken herabkam, dem Esel in die Nase, als er sich herabbeugte.

"Ist das eine Art, so für eine Gunst zu bezahlen?" fragte der Esel betrübt. "Ich weiß nicht, aber ich habe Hunger!" In diesem Augenblick kam ein Ochse daher und der Esel sagte. "Freund, sage, ob es gerecht ist, dass Kaiman meine Dienste auf diese Art entlohnt." Und er erzählte bis hierher die Geschichte, die ich gerade erzähle.

Als jener Ochse jung war und man ihn zur Arbeit in den Furchen auf den Ackerflächen antrieb, liebten ihn seine Herren sehr; aber als er dafür zu alt war, jagten sie ihn aus dem Haus. So kam es, dass er antwortete: "Es ist nicht gerecht, aber so geht es zu." Damit einverstanden sagte der Kaiman erneut: "Hast du das gehört?"

Es war die Zeit, in der man zum Trinken kam, und eins nach dem anderen kamen die Tiere herbei. Noch war der Esel nicht weggegangen, da befand sich das Pferd schon unter ihnen. "Freund, sag mir, ist es gerecht, dass man mich schlecht entlohnt für das Gute, das ich getan habe?" Und der Esel erzählte ein weiteres Mal die Hälfte dieser Geschichte. Das Pferd, da es alt war, hatte eine Vergangenheit, die der des Ochsen ähnlich war. Es hatte ebenfalls gegen seinen Willen das Haus seiner Herren an dem Tag verlassen müssen, als es ein Gebrechen spürte, und daher sagte es: "Es ist nicht gerecht, aber so geht es zu."

Kaum hatte es dies gehört, als sich Kaninchen zu ihnen gesellte. Mit einer vorgetäuschten Sorglosigkeit trank es das Wasser. Der Esel sprach, und als er damit fertig war zu erzählen, sagte Kaninchen: "Sag mir, ist es wahr, was du erzählt hast, oder stelle ich mir das nur so vor?"

"Ja, ich habe dir eine Geschichte erzählt und habe dich am Ende gefragt, ob es gerecht ist, dass Kaiman mit Bösem das Gute entlohnt, das ich ihm gewährt habe."

"Wenn ihr erlaubt, werde ich nach Hause gehen und meine Bücher befragen. Es ist nahe, und bevor dieser Speichel austrocknet, bin ich zurück." "Das ist gut", sagten auf einmal alle. Und das Kaninchen lief mit ihrer Erlaubnis davon.

Der Tropfen Spucke, den Kaninchen auf dem Sand hinterlassen hatte, war noch feucht, als es zurückkam: "Ich habe meine Bücher konsultiert: sie sagen, dass es unausweichlich ist, dass wir an den Ort der Ereignisse zurückkehren. Bisher hast du recht", sagte es und schaute Kaiman an.

Der Esel trug den undankbaren Freund bis zum Fuße des Mangrovebaums zurück. Zwischen den beiden parallelen Wurzeln verharrte Kaiman nun wieder in der Luft. Der Richter fragte dann: "So fand er dich?" "Ja!" "Dann lassen wir dich so!" Und eins neben dem anderen liefen Esel und Kaninchen einträchtig bis zum Wald zurück.

Kaiman war von jenem Augenblick an jetzt bereit, sich an Kaninchen zu rächen, und warf sich herum, um mit Gewalt den Stein seines Hasses hin und her zu wälzen. Aber der Racheakt hat noch nicht stattgefunden.

(nach Andrés Henestroza: Los himbres que dispersó la danza. SEP, México 1929/1987: 117-121)

Abb. 28: Im Jahr 12-Kaninchen [= 1102 u. Z.] am Tag 6-Schlange: Neufeuerzeremonie im Ort "Jaguar und Ballspielplatz" (Codex Nuttall, lám. 83)

Es werden aber in Oaxaca auch Geschichten erzählt, in denen sich Tiere und Menschen direkt begegnen, miteinander reden und agieren, so von den

Zapoteken vom Isthmus von Tehuantepec *in dem Tiermärchen*
Kaninchen und der Brennholzsammler

Nicht nur die wilden Tiere führte Kaninchen hinters Licht. Einmal versuchte es seine Geschicklichkeit auch am Menschen. Äste abschlagend, um Brennholz zu machen, verletzte ein Bauer mit seiner Axt den hohlen Stamm eines Mezquitebaums, der einen gelblichen Faden duftenden Honigs absonderte. Es war so, dass die kleinen Waldbienen nach ihrem emsigen Hin- und Herfliegen über die Blumen dort die Frucht ihrer Arbeit angehäuft hatten.

Welch ein Fund für einen Holzsammler! Diesen Nachmittag wird er den Fluss überqueren, der das Dorf erfrischt, und mit Brennholz und Honig für seine Kinder nach Hause kommen! Er füllte die Kalebasse [das Kürbisgefäß], die er über die Schulter hängen hatte, stöpselte sie sorgfältig zu und machte sich auf den Heimweg.

Kaninchen, das nervös in gekräuseltem Grün des Dickichts saß, vervollständigte diese Szene. ,Reicher Honig', dachte es und die winzige Zunge leckte über seine Lippen.

Wie der Schatten beim Rennen folgte es hinter den Kräutern den Schritten des Brennholzsammlers und lief ihm an einer Wegbiegung schließlich voraus, legte sich auf eine freie Stelle, die Pfoten und Hände weit von sich gestreckt, die Augen zwei dünne Striche und ein leichtes Zittern der Haare auf dem Körper. Es schien gerade verendet zu sein.

Es fehlte nicht viel, so hätte der Holzsammler es getreten, als er um die Ecke kam. "Armes Kaninchen!" rief er aus. "Was für ein Tod hat dich erwischt?" Und ohne weiter nachzudenken, setzte er seinen Weg fort.

Ein zarter Wirbelwind richtete Kaninchen wieder auf. Ein neues Rennen unter den Stauden brachte ihm auf dem Weg Vorsprung, Und sich wie vorher ausstreckend, gab es vor, tot zu sein. "Was ist diesen unglücklichen Tieren zugestoßen?" fragte sich der Bauer, als er dicht an ihm vorbeiging. "Es scheint so, dass sich ihrer heute der Tod bemächtigt hat. Nicht weit von hier befand sich ein totes, hier liegt ein weiteres." Dennoch setzte der Mann seinen Weg fort.

Zum dritten Mal gelang Kaninchen der Vorsprung und zum dritten Mal täusche es vor, tot zu sein. Der Bauer, durch die Zahl der toten Kaninchen in Versuchung geführt, dachte gleich, welchen Gewinn er mit den Kaninchenfellen erzielen könnte, und sagte: "Es wird gut sein, diese Tiere aufzusammeln und mit nach Hause zu nehmen."

Ohne irgendwelche Zweifel entledigte er sich der Kalebasse, stellte sie neben das Kaninchen und kehrte auf der Suche nach den anderen um.

Wir können uns vorstellen, was geschah. Auf seine Pfoten springend, öffnete Kaninchen die Kalebasse und trank den Honig. Es trank, so viel es nur konnte. Den Rest kippte es auf den Boden, indem es mit einem Tritt den Behälter umwarf. Sofort wälzte es sich über den Honig und tränkte sich damit den Körper. Mit einem Satz verschwand es im Wald und wälzte sich in einem Haufen trockener Blätter. Es wickelte sich völlig darin ein und näherte sich erneut dem Weg.

Inzwischen gelangte der Brennholzsammler an den Ort, wo er das zweite Kaninchen hatte liegen sehen, und fand nur vier Kratzspuren auf dem Boden. Er rannte weiter zu dem ersten Platz und die Leere antwortete seiner Hoffnung. Da erhellte der Argwohn seine Seele: dass er das Opfer einer Täuschung geworden war, und er entsann sich der vielen Listen von Kaninchen. Dessen sicher, rannte er zurück, um den Honig zu retten.

Erbittert, Schaum vom Schreien am Mund, nahm er die Kalebasse und ging weiter. Ein Geräusch von trockenen Blättern fegte über den Weg. Verblüfft nahm der Holzsammler vor sich ein fremdartiges Tier wahr. "Sonderbarer Freund", sagte er zu ihm. "Hast du nicht dort irgendwo ein Kaninchen gesehen?" "Nein, ich habe es nicht gesehen."

"Und du, wer bist du?" fragte der Holzsammler. "Ich bin der Alte vom Stroh" [was so viel heißt wie: ein nutzloses und nichtsnutziges Ding].

(nach Gabriel López Chiñas: Vinnigulasa, México 1940/1069: 103-105)

Abb. 29: Das heilige Datum 2-Gras / Jahr 8 Kaninchen für den Ort Jaltepec
(Codex Vindobonensis, lám. 42)

Auch das Tiermärchen
Jäger und Kaninchen
erzählt man sich unter den
Zapoteken des Isthmus von Tehuantepec:

Bei den vielbesuchten Tränken des Urwalds, auf den bebenden Ästen der duftenden Bäume, an den hohen Klippen und auf den Ebenen wurde die Nachricht von einem Fest der Tiere mit Jubel aufgenommen.

Die Schlange schlief ein, um sich zu häuten: glänzend, mit schwarzen, roten, grauen und gelben Flecken betupft. Der Hirsch mit seiner zarten Taille fegte das Geweih, um neue Spitzen an seinen Geweihstangen zu haben. Neue Federchen verdrängten die alten Federn der Vögel. Die Spottdrossel und die Lerche probten neue Lieder. Nur Kaninchen hatte nichts, um sich zu schmücken. Sein Schwanz war ein Fellpünktchen und seine Ohren zwei lange Schläuche. Es dachte daraufhin, sich mit Geld hervorzutun; aber es war auch nicht reich. Dennoch fand es eine Lösung.

Es suchte Kakerlake auf und schlug vor: "Wenn du mir zwei Pesos [kleine Münzeinheit] borgst, werde ich dir zwei Traglasten mit Maiskolben bringen, wenn meine Ernte eingebracht wird." "Nimm sie, Kaninchen, und die Maiskolben mögen groß sein!"

Es zog auf der Suche nach dem Huhn los und traf es beim Maismahlen für seine Kinder. "Wenn du mir zwei Pesos borgst, werde ich dir zwei Traglasten Maiskolben bringen, wenn meine Ernte eingebracht wird." "Hier hast du sie, Kaninchen, und dass ihre Körner ja sauber sind, damit meine kleinen Küken dick werden!"

‚Alles geht gut', sagte sich Kaninchen und besuchte die Füchsin, die es in der Dunkelheit ihres Baus schlafend fand. Es weckte sie mit sanften Schlägen auf die Schulter und sagte zu ihr: "Wenn du mir zwei Pesos leihst, werde ich dir zwei Lasten Mais bringen, wenn ich meine Ernte einbringe;"

Die Füchsin wusste, dass Kaninchen arbeitsam war, und antwortete unter Gähnen: "Es gefällt mir, dem Bauern zu helfen. Nimm die zwei Pesos."

Auf dem Rückweg traf es den Jaguar, Licht und Schatten im Fell. "Borg mir zwei Pesos und ich werde dir von meiner Ernte zwei Lasten Maiskolben geben." "Nimm und verschwinde", raunzte der Jaguar und sträubte seinen Bart.

Der Jäger reinigte am Rand des Weges sein Gewehr. Kaninchen näherte sich ihm und sagte: "Wenn du mir zwei Pesos borgst, werde ich zwei Traglasten Maiskolben zu deinem Haus bringen, wenn meine Ernte ansteht." "Abgemacht, Kaninchen, nimm sie!"

Die Maiskolben wurden golden und wie geschlossene Fäuste und die Vorratsspeicher der Bauern sahen voll aus. Kakerlake, Huhn, Füchsin, Jaguar und Jäger warteten vergeblich, dass Kaninchen ihnen die Maiskolben bringe.

Kakerlake suchte es eines Tages auf: "Ich komme wegen meiner zwei Lasten Maiskolben, Kaninchen. Die Ernte ist eingebracht und du hast dein Wort nicht gehalten." "Freundin Kakerlake, ich wäre gekommen, aber… Sieh! Da kommt das Huhn, und wenn es dich findet, wird es dich fressen! Versteck dich zwischen diesen **Totomoxtles** [Maisblättern], während ich sie empfange."

"Kaninchen, ich habe keine Maiskörner mehr für meine Kinder und du hast mir die Maiskolben nicht gebracht", beanstandete das Huhn. "Freundin, so ging es eben: dennoch bist du nicht vergebens gekommen. Zwischen diesen Totomoxtles verbirgt sich eine Kakerlake."

Bei einem herumwirbelnden Tanz zerstreute Huhn die Totomoxtles und verschlang Kakerlake nach einem Schnabelhieb. Es wollte gerade zum Sprechen ansetzen, als Kaninchen sagte: "Oh, Unglück, meine Freundin! Über jenen Hügel kommt deine Feindin Füchsin herab. Versteck dich unter diesem Topf, wenn du nicht willst, dass sie dich frisst." Huhn versteckte sich hastig unter dem Topf.

"Du hast mir angeboten, mir zwei Lasten Maiskolben zu bringen, Kaninchen, und hast das nicht erfüllt!" "Schweige, Freundin Füchsin, ich erwartete angstvoll deinen Besuch. Hebe diesen Topf und du wirst das Huhn finden!"

Als ihr noch die Federn im Schlund klebten, wollte Füchsin sprechen. "Aber was sehe ich, Freundin Füchsin", schrie Kaninchen. "Der Jaguar ist hier, und du – ohne flüchten zu können! Versteck dich schnell unter dem Trog!"

Mit dem Fletschen seiner weißen Zähne raunzte der Jaguar: "Ich habe auf meine Maiskolben lange Zeit gewartet und …" "Lösche deinen Grimm, Freund Jaguar. Unter jenem Trog befindet sich die Füchsin."

Den Hunger gestillt, aber ohne die Schuld zu vergessen, wollte der Jaguar sprechen. "Freund Jaguar! Was wird aus dir? Dort kommt der Jäger mit seinem Gewehr und wird dich töten", rief Kaninchen aus. "Klettere in jenen Baum."

"Guten Tag, Kaninchen. Es scheint, dass du dein Versprechen nicht gehalten hast. Ich komme wegen meiner Maiskolben", sagte der Jäger. "Meine Knechte haben die Netze gefüllt. Aber tritt ein und töte den Jaguar, der auf den Baum dort geklettert ist!"

Man hörte einen Schuss. Der Jaguar starb. Kaninchen flüchtete, um sich bei dessen Echo zu verstecken.

(nach Gabriel López Chiñas: Vinnigulasa, México 1940/1960: 109-111)

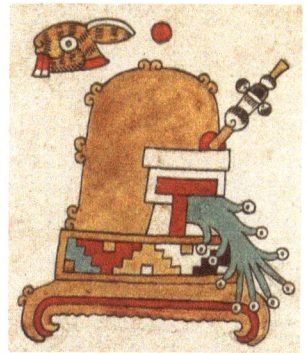

Abb. 30: Sieg über den Ort "Berg mit Palast und Quelle" am Tage
1-Kaninchen
(Codex Nuttall, lám. 72)

Nicht nur Kaninchen hatte mit Menschen so seine Schwierigkeiten, musste sich mittels Tricks durchsetzen und sein Leben sichern. Auch die Menschen hatten mit verschiedenen Tieren ihre Auseinandersetzungen. Ein Tiermärchen von den **Chinanteken***, genannt*

Geschichte vom Jäger,

lässt dies die Hörer und dann auch die Leser recht deutlich miterleben, und zwar weitgehend aus der Sicht der Tiere. Wenn auch die beschriebenen Auseinandersetzungen von realen Möglichkeiten weit entfernt sind, immer märchenhaft überhöht, so zeigen sie doch eben gerade deswegen die Probleme zwischen Mensch und Tier, noch dazu so gut wie immer in die Vergangenheit transponiert. Umständlich und mit manchen Wiederholungen werden die Geschehnisse in Worte gefasst; und doch sind sie Lehrstücke für das menschliche Verhalten sowohl in der Zeit der Erzählsituationen als auch bei der Verschriftlichung.

Es war einmal eine Familie, der gefiel es sehr, die Tiere auf dem freien Felde zu jagen. Eines Tages sagte der Herr, der so umherging, zu seiner Ehefrau: "Ich will mir eine Flinte kaufen, damit wir Fleisch essen können." "Das ist gut," sagte die Ehefrau, "gehen wir und kaufen wir eine; ja, das werden wir tun!"

Als sie das Gewehr erworben hatten, das sie wenig kostete, gingen der Herr und die Herrin umher und jagten das Wild, das sie dort antrafen; bis sie eines Tages, in der Nähe herumlaufend, überhaupt kein Tier mehr antrafen und der Herr daraufhin zu seiner Ehefrau sagte: "Bereite mir eine Mahlzeit, damit ich weiter weggehen kann, denn hier in der Nähe befinden sich keine Tiere mehr."

"Gut," sagte die Ehefrau, "ich werde dir so viele Tortillas [Maisfladen] vorbereiten, dass du zwei Abende damit reichst und sehr weit gehen kannst, denn ich möchte Hirschfleisch essen." Die Frau ging, das Essen und die Tortillas zuzubereiten.

Währenddessen holte der Herr den Esel und die drei Hunde herbei; danach lud er die Tortillas auf den Esel und zog mit den drei Hunden los. Als er weit von seinem Dorf entfernt den Wald erreichte, sagt er zu sich selbst: ‚Hier will ich bleiben, denn es wird

69

schon Nacht und ich werde Feuer machen. Morgen werde ich meinen Weg fortsetzen und sehen, wen ich erwische.'

Er verweilte dort, denn es blieben ihm zwei Tage, um zu gehen, und zwei Nächte, um im Wald zu schlafen, und er war schon sehr weit gekommen. Am nächsten Tag jagte er ebenso wie am ersten viele Kaninchen. Nahe dem Dorf hatte der Herr auch Kaninchen gejagt, aber als die Tiere selten wurden, musste er weit weggehen und daher befand er sich nun einsam im Gelände.

So zog er mit einem Eselchen durch die Wälder, als er plötzlich an einen Ort kam, wo eine Schlange von zweieinhalb Metern Länge und sechzig Zentimetern Dicke lag. Als er sich ihr näherte, begannen die zwei zu sprechen, so wie wir jetzt. Sie redeten und redeten, bis die Schlange sagte: "Hören Sie! Wollen Sie mir nicht den Gefallen tun, mich hier unter dem Stein hervorzuziehen?" fragte die Schlange, die durch einen sehr großen Stein gefangen war, und fuhr fort zu sagen: "Der Bergrutsch, der von oben kam, hat mich gefangen und ich kann nicht weg."

Da sah der Herr sie an und erkannte, dass sie fürchterlich war: die Schlange war gewaltig und konnte ihn fressen. ,Sie kann mir Schaden antun', sagte er zu sich selbst. ,Ich gehe ein großes Risiko ein, wenn ich sie herauslasse.' Und so sagte er zu der Schlange: "Nein! Ich tue dir den Gefallen nicht. Du bist gut, so wie du bist, denn du beißt die Leute und die Tiere und verschlingst sie sogar."

"Bitte!" sagte die Schlange. "Ich habe großen Hunger. Drei Tage schon bin ich hier und sterbe fast vor Hunger." "Nein!" sagte der Mann. "Ich werde dich nicht herausziehen." "Doch, bitte!" bat die Schlange. "Zieh mich bitte von hier fort und du wirst schon sehen, dass ich dir nichts tun werde. Im Gegenteil, ich werde dir meine Dankbarkeit erweisen. Ich verspreche dir, dass ich, wenn ich hier herauskomme, sehr weit weggehen werde, um mir Nahrung zu suchen, und werde dir keinen Schaden zufügen."

Als der Mann diese Versprechen hörte, wagte er es. Er suchte einen Baumstamm und drehte mit ihm den Stein beiseite. Als die Schlange unter dem Stein hervorkam, sagte sie zu ihm: "Jetzt, ja, jetzt werde ich dich fressen."

"Wie?" sagte der Mann, "Jetzt, da du frei bist, sagst du, dass du mich fressen willst? Waren wir nicht so verblieben, dass du dich weit hinwegbegeben wirst, um etwas zu fressen zu suchen?" "Ja, schon!" antwortete die Schlange, "aber erst werde ich dich um einen anderen Gefallen bitten, nämlich, dass du mir einen Hund schenkst. Ich will einen Hund fressen, und wenn du ihn mir nicht gibst, werde ich dich verschlingen."

"Nein!" sagte der Mann. "Außerdem, wie ist es möglich, dass du mich, nachdem ich dir einen Gefallen getan habe, so schlecht entlohnst? Nein, ich werde dir keinen Hund bringen, damit du ihn verschlingen kannst."

"Ja!" betonte die Schlange, "ich werde einen Hund verschlingen, denn ich habe eben jetzt wirklich einen sehr großen Hunger. Ich habe drei Tage unter dem Stein zugebracht, ohne etwas zu essen. Und wenn du mir den Hund nicht gibst, verschlinge ich dich."

"Gut", sagte der Mann sehr erschrocken, "ich werde einen Hund hergeben, aber nur einen und keinen weiter!" "Keinen weiter", versprach die Schlange, "mit einem habe ich genug." Darauf brachte der Mann einen Hund und die Schlange verschlang ihn. Aber danach sagte sie zu dem Mann: "Ich habe mit dem einen nicht genug. Ich will mehr. Ich habe großen Hunger. Wenn du mir nicht einen Hund gibst, verschlinge ich dich."

"Nein!" antwortete der Mann. "So sind wir nicht verblieben. Wir hatten nicht vereinbart, dass du alle meine Hunde verschlingst. Du hattest mir gesagt, dass du weit weggehen würdest, um dir etwas zu essen zu suchen."

"Nein! Ich werde dich verschlingen. Wenn du mir nicht noch einen Hund gibst, verschlinge ich dich." Der Mann zitterte schon eine Weile vor Furcht und gab ihr daher einen weiteren Hund. Nachdem sie den Hund verschlungen hatte, sagte die Schlange zu ihm: "Mir geht es genauso wie vorher. Dieser Hund hat meinen Hunger überhaupt nicht gestillt. Jetzt wirst du mir den Esel geben."

"Mein Gott!" sagte der Mann. "Den Esel nicht, denn wer wird mir danach helfen…" "Wenn du mir den Esel nicht gibst, werde ich dich verschlingen", sagte die Schlange drohend zu ihm.

"Ah!" schrie der Mann sehr erschrocken. "So nicht! Wie wollen zur Obrigkeit gehen. Wir wollen sehen, was die Verantwortlichen sagen; denn wir beide können uns alleine nicht einigen, deshalb müssen wir zur Obrigkeit gehen. Die Obrigkeit hat Gesetze und kann Befehle geben. Wenn die Obrigkeit sagt, dass du mich verschlingen mögest, dann magst du mich verschlingen! Gehen wir zur Obrigkeit!" wiederholte er immer wieder und sie zogen los. Der Herr war sehr traurig, denn die Schlange wollte erst den Esel verschlingen und danach ihn selbst; daher drängte er darauf, dass sie zu den Verantwortlichen gingen.

Bald trafen sie ein Kaninchen, das sie fragten: "Bist du die Obrigkeit?" "Ich bin die Obrigkeit!" sagte das Kaninchen.

"Wie gut!" antwortete der Mann. "Wir haben ein Problem. Als ich kam, befand sich die Schlange unter einem Stein und bat mich um den Gefallen, sie darunter hervorzuziehen. Ich zog sie bald mit einem Hebebaum hervor. Ich bewegte den Stein und sie kroch hervor. Sie hatte viel Male versprochen, dass sie, wenn sie herauskäme, weit weggehen würde, um etwas zu essen zu suchen; aber schon als sie hervorkam, erbat sie sich meine Hunde und verschlang sie. Sie hat schon meine drei Hunde verschlungen."

"Welch eine Barbarin!" sagte das Kaninchen. "Das ist ja schrecklich!"

Der Herr weinte, denn er bedauerte seine drei Hunde, und sagte zum Kaninchen: "Wir werden sehen. Wir werden zu dem Ort zurückgehen, wo sich das abgespielt hat."

Als sie an den Ort gelangten, fragte das Kaninchen: "Wie befand sich die Schlange?" "So war sie", sagte der Mann, "unter diesem Stein befand sie sich." "Gut", sagte das Kaninchen, das die Obrigkeit war, "gut; lege dich dorthin", sagte es zu der Schlange.

"Gut so!" sagte die Schlange und rollte sich zusammen. Sie presste sich erneut an den Boden. "Jetzt", sagte das Kaninchen zu dem Mann, "rolle den Stein wieder dorthin und lege ihn so, wie er war." Der Mann, sehr zufrieden damit, drehte den Stein herum und ließ ihn so hingleiten, wie er vorher gelegen hatte – auf die Schlange.

"Es ist gut, dort bleibst du nun", sagte das Kaninchen. "Du warst so gut, wie du warst." "Dies ist die Form, wie sie gewesen war", sagte der Mann.

"Und so ist es gut, da Sie keine Hilfe geben wollten und Sie sich nicht dafür zu bedanken wussten, dass man Sie von dort gerettet hatte", sagte das Kaninchen erst zu dem Mann und dann zu der Schlange.

"Nun", sagte das Kaninchen und sah den Mann an, "nun sage ich dir etwas meinetwegen. Du hast dich bei allem gerettet und deinen Esel auch, verkaufe jetzt dein Gewehr; verkaufe es jetzt sofort! Ich wünsche nicht, dass du jagen gehst, weil ihr Jäger alles bis zu den Kaninchen hin tötet. Du und deine Kameraden jagen Kaninchen, deshalb verkaufe dein Gewehr, aber verkaufe es jetzt umgehend!"

Der Mann stimmte dem zu, die Flinte zu verkaufen, und er meinte es ehrlich, denn er war sehr dankbar für die Hilfe, die ihm das Kaninchen gewährt hatte. Als er nach Hause kam, erzählt er seiner Ehefrau alles das, was ihm zugestoßen war, und die beiden wurden sehr traurig, denn sie hatten keine Hunde mehr, nur der Esel war mit zurückgekommen.

Daraufhin sagte die Frau zu ihm: "Ja, du wirst gehen und dein Gewehr verkaufen. Es ist gut, dass du es verkaufst, denn das Gute ist, dass du zurückgekehrt bist. Du konntest dich dank des Kaninchens retten. Verkaufe es also!"

Der Mann tat es also und danach vergingen einige Monate. Aber eines Nachts sagte die Frau, die es gewohnt war, nur Fleisch von Wildbret zu essen, zu ihrem Mann: "Ich erinnere mich sehr oft daran, wie du gegangen bist, Wild zu jagen. Warum kaufen wir nicht ein anderes Gewehr, wo du doch das andere, das du hattest, verkauft hast?"

"Gut denn, nehmen wie es in Angriff und kaufen wie ein anderes!" antwortete der Mann. "Gut", sagte die Herrin, "wir werden uns bemühen und ein anderes Gewehr kaufen, denn noch entsinne ich mich gut daran, wie wir nur Fleisch gegessen haben. Jetzt essen wird kein Fleisch mehr, weil wir keins haben."

Daraufhin machten die beiden ihren Plan, ein anderes Gewehr zu kaufen, und als sie es kaufen konnten, ging der Herr erneut auf Kaninchenjagd. Aber man erzählt, dass er unglücklicher Weise, als er sein Haus verließ, mit demselben Kaninchen zusammentraf, das ihm einst Hilfe gewährt hatte, mit demselben, das ihn befreit und vor der Gefahr gerettet hatte.

Er schoss das Gewehr ab und traf das Kaninchen, eben jenes Kaninchen! "Danke" sage das Kaninchen, das zitterte, denn die Kugel war eingedrungen und wieder hinausgefahren. "Danke!" sage es zitternd und zitterte immer weiter. "Hier hast du nun mit mir Schluss gemacht, nichts weiter! … weil du nicht Dankbarkeit erweisen konntest. Gott wird dies bezahlen!"

Und indem es dies sage, starb das Kaninchen. Der Herr wurde sehr traurig und begann bitterlich zu weinen, denn er hatte nicht gedacht, dass es dasselbe Kaninchen sein könnte. So ging er sehr traurig nach Hause und schwor sich, dass er niemals, niemals wieder auf Kaninchenjagd gehen würde.

Als er zu Hause ankam, sagte er zu seiner Frau: "Ich habe dasselbe Kaninchen getötet, das mir einst so geholfen hat." "Wie schade!" sagte ihm seine Ehefrau. "Aber wie war es möglich, dass du genau dasselbe Kaninchen getroffen hast, das dir damals geholfen hatte?"

"Ja, es ist schon gestorben. Es ist dort hingefallen. Ich habe es nicht aufgehoben, denn mich hat große Traurigkeit erfasst. Wie war es nur möglich, dass ich dasselbe Kaninchen getötet habe, das mir damals so geholfen hat!" sagte weinend der Mann.

"Gut", sagte die Frau, "du kannst nichts mehr machen und du wirst in Zukunft nicht mehr mit der Waffe gehen können. Besser, du verkaufst sie an einen anderen Mann. Verkaufe sie gleich, denn du hast das Kaninchen getötet, das dir einst so geholfen hat!"

Danach mochte der Mann nicht mehr auf die Jagd gehen; da begann seine Frau, Brot zu backen, und er verkaufte es, indem er weit umherzog. ‚Ich werde nicht mit Waffen unterwegs sein, ich werde nur diese Handelsreisen machen', sagte der Mann zu sich selbst. Aber immer ging er traurig und besorgt umher, ohne zu wissen, was er tat; er sagte zu seiner Frau, dass es sehr gefährlich sei, auf den Wegen mit den Körben mit Brot umherzuziehen. "Es gibt viele Räuber", sagte er ihr. "Es gibt viele, die mich überfallen können."

Da wurde die Frau ungeduldig und ärgerte sich, bis sie eines Tages zu ihm sagte: "Du gehst so lange umher, bis du das Brot verkauft hast, und kommst nicht mit der Ausrede wieder, dass du nicht weißt, wo, und dass du kein Geld bei dir tragen willst."

Der Alte zog los, aber ein paar Männer kamen auf den Weg heraus und wollten ihn töten. Da rannte er los und konnte sich gerade noch so retten.

Aber er ging erneut los und traf auf dem Weg vier Männer mit Dolchen, die zu ihm sagten: "Hier bleibst du auf der Strecke, wenn du nicht dein ganzes Geld hergibst." "Nein!" sage der Mann. "Gehen wir zum Hause der Obrigkeit. Sehen wir zu, was man uns dort sagt. Wenn die Obrigkeit sagt, dass ich sterben soll, dann sterbe ich."

So machten sie es also; und nicht weit entfernt trafen sie auf ein Kaninchen. Aber es war nicht das vom ersten Mal, es war ein jüngeres Kaninchen, das zu ihnen sagte: "Ich bin der Sekretär des Präsidenten, den du getötet hast. Jetzt sollen Sie ihn töten!" sagte das Kaninchen und schaute die vier Männer an. "Töten Sie ihn, denn ich bin der Sekretär des Präsidenten, jenes Kaninchens, das starb, weil dieser hier es mit Kugeln bedacht hat. Jetzt sollen Sie ihn töten!"

Da gab der Sekretär, das Kaninchen, den Befehl, dass sie jenen Mann töten sollten, und für diesen endete dort sein Leben.

(aus: Narrativas Chinantecas. Comité Cultural Chinanteca de Santiago Comaltepec. Grupo de Apoyo al Desarrollo Etnico de Oaxaca, GADE A.C., Oaxaca 1988: 31-38)

Abb. 31: Am Tag 10 Kaninchen im Jahr 8 Kaninchen findet eine
Schlacht um den Ort Jaguar statt
(Codex Nuttall, lám. 69)

*Es gibt aber auch eine Reihe von Legenden in den seit rund fünfhundert Jahren christlich geprägten
Gemeinden von Oaxaca, in denen es um Fragen von Entstehung von Merkmalen im Sinne eines Schöp-
fungsprozesses gemäß der Bibel geht. Jedoch werden diese Ereignisse als zeitlich nahe der Erzählzeit und
das Eingreifen Gottes lebensnah verstanden. Dort begegnet man auch dem Kaninchen:*

Über **Kaninchen und Hirsch**
berichtet eine solche Legende bei den **Zapoteken vom Isthmus von Tehuantepec:**

Über den Weg, den die Nacht heraufzieht, gelangten die Tiere zu Gott hinauf und
beschwerten sich über Kaninchen. Er tröstete sie und ließ sie über den Weg des Tages
wieder hinabsteigen.

Damals trug der Hirsch weder kleine Hörnchen noch ein großes Geweih auf dem Kopf,
sondern trug ihn kahl. Gott dachte nicht lange über die Bestrafung von Kaninchen nach,
denn Er ist weise und immer wachsam. Er machte zwei große Geweihstangen und stieg
mit ihnen zur Erde hinab. ‚Die Schwere dieser Geweihstangen', dachte Gott, 'wird es Kaninchen nicht erlauben, Schlechtigkeiten gegen seine Nächsten anzuzetteln.' Und Er suchte
es auf der Ebene von San Mateo, wo die Schafe der Huave weiden [im Süden von Juchitán
an den Ufern der beiden Lagunen: Laguna Superior und Inferior], der Menschen, die bei
den nächtlichen Reisen mit dem Licht eines einzigen Auges laufen, während sie mit dem

74

anderen schlafen. Auch suchte Er im ‚Zapotal', dem Wohnort der düsteren Fledermäuse. Er betrat auf seiner Suche die duftenden Palmhaine von Chiapa und Yugudza, dem feuchten Land, ob es dort umherliefe, um **nisabigaragu** zu versprengen [Palmwein, ein Getränk, das dem vergorenen Agavensaft gleicht]. An keinem dieser Orte fand Er es. Schließlich gelangte Er an den **‚Paso Guésa'** [Landschaft der Weidenbäume], eine grüne Niederung einer Lagune, Zufluchtsort der Kaimane. Nahe dem wogenden Lippenrand des Wassers fand Gott es – in dem leeren Rückenpanzer einer Schildkröte sorglos schlafend.

Als wäre es eine Krone aus Blüten und frischen Blättern von der Sorte, wie sie die Köpfe der Matronen auf den Hochzeitsfesten schmücken, setzt Er ihm zu beiden Seiten des Kopfes das Paar Geweihstangen auf.

Kaninchen träumte, dass zwei Hügel über seinen Schläfen wüchsen. Es wachte erschrocken auf und wollte fliehen. Trotz seiner Kräfte lief es so langsam, wie die Schildkröten laufen. "Bin ich erwacht oder schlafe ich?" sagte sich Kaninchen und zwickte sich in die Hand. "Vielleicht habe ich mich in eine Schildkröte verwandelt, weil ich in einem Schildkrötenpanzer geschlafen habe? Dennoch – auf meinem Körper streichle ich mein ursprüngliches Seidenfall."

Eine fröhliche Schar von **dzundzurí** [dunklen Vögelchen, die wie Schatten über den Weg huschen], die damit beschäftigt waren, Samenkörner aufzupicken, hielten einen Augenblick über den harten Geweihstangen von Kaninchen im Fluge an, weil sie glaubten, es handele sich um trockene Zweige. Einer der kleinen Vögel sagte: "Wisst ihr, dass Gott Kaninchen bestraft hat?" "Nein!" antworteten die übrigen im Chor.

"Ja, meine Freunde, Gott strafte Kaninchen, indem Er ihm zwei gewaltige Geweihstangen auf die Stirn gesetzt hat. Jetzt wird es nicht denken können; es wird nicht rennen können und die ganze Welt wird ruhiger werden." Die Worte des Vogels führten Kaninchens Hände hastig nach oben über seine Stirn und es nahm sein Pech wahr. Aber anstatt zu verzweifeln, vertraute es seiner Schlauheit.

Die schlanke Gestalt des Hirsches erschien auf dem Weg. Angezogen von dem Geweih von Kaninchen ließ er diese Worte fallen: "Leih mir deine Geweihstangen, Kaninchen!" "Nein, Hirsch, du könntest sie beschädigen!" erwiderte Kaninchen und verstellte sich mit dem Ziel, ihn noch mehr zu interessieren.

"Leih sie mir nur für einen Augenblick, denn sie gefallen mir. Sei nicht böse!" "Gut, ich werde sie dir leihen, aber nur für einen Augenblick. Es stimmt mich traurig zu denken, dass du irgendwann einmal schlecht von mir denken könntest. Hilf mir!"

Ein schreckliches Gewicht fühlte Hirsch auf dem Kopf. Ihm zitterten die Beine und er glaubte, dass der Hals ihm in den Körper hineinsinken würde. "Nimm deine Geweihstanden, Kaninchen!" schrie er mit lauter Stimme.

Die darauffolgende Stille täuschte vor, Kaninchen hätte niemals auf der Welt existiert.

(nach: Gabriel López Chiñas: Vinnigulasa. México 1940/1960: 97-99)

Abb. 32: Krieger mit Geburtsdatenname "13 Kaninchen", der eine Speerschleuder handhabt (Codex Nuttall, lám. 66)

Bei den **Zapoteken des Isthmus von Tehuantepec** *erzählt man sich auch eine Legende von* **Kaninchen vor Gott:**

Gott kannte den Ruf von Kaninchen und befahl, dass es vor ihm erscheinen sollte. Über einen Weg, den es nicht lernte, gelangte es vor Gott und fand Ihn auf einem Stück Sonne sitzen.

"Ich habe von deiner Hinterlist Kenntnis und will dich selbst auf die Probe stellen. Du musst mir drei Häute von getöteten Tieren bringen. Eine vom Affen, eine vom Kaiman, und vom Jaguar die andere", sagte Gott. "Wie sollte ich die nicht bringen! Wofür bin ich Kaninchen!" rief es aus und eilte hinab, um sein Wort einzulösen.

Gott dachte in seiner Erleuchtung: "Ich habe den Jaguar wild gemacht, gefräßig und gefühllos den Kaiman und den Affen unbesonnen starrköpfig. Mit keinem von den dreien wird Kaninchen fertig. Sobald es seinen Eifer an ihnen ausgetobt haben wird, werden die Tiere in Ruhe leben können." Und Er richtet seine Kraft auf andere Dinge.

Kaninchen wusste nicht, mit welchen Künsten es zur Erde gelangte, und es scheint so, dass es sich nicht dafür interessierte, es zu erfahren, weil es gleichsam schon drei Tote zwischen den Händen herabhängen hatte und im Begriff war, ein Gott gegebenes Wort zu erfüllen.

Es lief nicht nach Hause. Die Aktion, mit der es befasst war, ließ es nicht schlafen; und es zog vor, den Affen zu suchen. Es gab keinen Ort des Waldes, der ihm verborgen geblieben wäre, und bald befand es sich im Revier der Affen. Sie schrien so, dass Kaninchen dachte, es sei im Irrenhaus des Waldes angekommen. Sie sammelten trockene Äste, grüne Früchte und harte Nüsschen, um Kaninchen damit zu bewerfen und es zu verletzen; aber es hängte sich eine Trommel um und begann, einen Lärm zu machen, der alles andere verstummen ließ. Nach und nach ließ es den Lärm abklingen und begann zu tanzen, ohne auf die Affen zu achten, die in kleinen Trüppchen ihre luftige Stadt verließen. Einer bat es, dass es nur für ihn spielen solle, da er tanzen wolle.

"Mit Vergnügen!" erwiderte Kaninchen. "Aber vorher musst du mit deiner Hand an den Stamm klopfen, den ich liebkose." "Ich werde mehr als das tun, wenn du mich dann tanzen lässt", antwortete der Affe, besorgt, dass er der erste sei, der den Tanz begänne.

Kaninchen näherte sich einem Stamm, und während es so tat, als ob es ihn liebkoste, beschmierte es ihn mit einer Schicht von schwarzem Wachs. Der Affe kam angerannt und schlug den Stamm mit aller Kraft, so dass dessen Krone erzitterte. Die Hand des Affen blieb am Wachs kleben. Um sich zu befreien, schlug er den Stamm mit der anderen Hand, die ebenfalls kleben blieb. Das Äffchen trat nun zu und seine Füße blieben am Stamm kleben. Und sein Schwanz blieb kleben. Die anderen Affen verschwanden schreckerfüllt in der Höhe. Kaninchen näherte sich ruhig, nahm seinen Hirschfänger und häutete den Affen. Die Haut hängt über seinen Schultern und damit streift es die Blätter der Kräuter.

‚Jetzt werde ich den Jaguar suchen', dachte Kaninchen und betrat den Weg dorthin, wo es ihn finden würde. Gleich einem verfluchten Gestank verbreitete sich in der Luft das Gebrüll des Jaguars. Kaninchen verhielt seine Schritte und nutzte seine Hände dazu, eine Hütte zu bauen. Der Jaguar kam und wollte es verschlingen.

"Halte ein, Bruder!" rief Kaninchen. "Heute Nacht war ich bei Gott und Er sagte mir, dass du im Urwald sehr leidest. Alle Tiere fliehen dich und so erhältst du kaum Nahrung. Er befahl mir, dir zu helfen. Sieh: ich baue eine Falle, in die Hirsche, Tapire, Wildschweine, Ochsen und Pferde für dich hineinfallen müssen, damit du fressen kannst. So werden deine Gänge durch den Urwald Spaziergänge sein, keine Jagdausflüge. Ja, so ist es, du musst mir helfen."

"Mit beiden Vorder- und Hinterpfoten, Bruder Kaninchen", schluchzte der Jaguar mehr, als dass er sprach.

"Ergreife mir die Enden dieser Stämme, damit ich sie zusammenbinden kann", befahl Kaninchen. Der Jaguar packte die Enden zweier trockener und starker Stämme und Kaninchen wand einen Strang Lása, eine Liane, darum; aber es wickelte auch die Vorderpfoten des Jaguars mit hinein.

"Du hast mir die Hände eingebunden", bemerkte der Jaguar. "Gräme dich nicht, mein Freund, gleich wirst du sie herausziehen", antwortete Kaninchen.

Es lief nach mehr Lianen und fesselte den Körper des Jaguars an den Stamm. Es schnürte ihn so fest, dass dem Jaguar die Luft wegblieb. Kaninchen beendete die Arbeit, indem es die Hinterpfoten fesselte. Es machte einen Knoten und das Schicksal seines Feindes befand sich in seinen Händen. Es zog seinen Hirschfänger und kurz darauf hing das geflecktе Fell von seinen Schultern herab. Alle Tiere wichen einen Schritt aus, denn sie glaubten, dass es der Jaguar sei.

‚Es fehlt nur der Kaiman', dachte Kaninchen unter der Last der Felle. Und es wandte sich in Richtung Fluss.

Die Sonne hing wie eine goldene Unze auf der blauen Brust des Tages. Kaiman gähnte ausgestreckt auf dem Flussufer, weil er seinen Körper wärmen wollte. Kaninchen stieg hinab, indem es sanft den Sand betrat, und hatte einen Morro [eine harte Kalebassenfrucht] in Händen. "Die Kugel rollt!" schrie es und warf die Frucht über den Strand. Kaiman hörte es spielen und spürte Freude in seiner Seele. "Höre, Kaninchen, komm näher und lass uns spielen", sagte er. "Nein, mein Freund. Meine Mama hat gesagt: spiele nicht mit Kaimanen!" erwiderte Kaninchen und fuhr fort zu schreien: "Die Kugel rollt!"

Der Wunsch zu spielen wurde in der Seele des Kaimans immer größer und er versprach: "Ich schwöre, dass ich dir kein Leid antun werde. Komm näher, damit wir spielen können!"

Kaninchen verschleierte gut seine Absicht und fuhr zu spielen fort. Seinen Spielablauf unterbrechend, rief Kaninchen aus: "Wenn du wirklich schwörst, dass du mir nichts zuleide tust, werde ich mit dir spielen." "Ich schwöre, Kaninchen!"

Eine kurze Zeitspanne spielten Kaninchen und Kaiman fröhlich. Plötzlich wurde das Spiel in den Händen von Kaninchen scharf, indem es einen harten Wurf auf die Stirn von Kaiman aufprallen ließ. "Sieh dich vor, Kaninchen!" schrie Kaiman. "Wenn du mich so, wie du meine Stirn getroffen hast, an der Schwanzwurzel erwischtest, hättest du mich schon zu den Toten zählen können."

"Fürchte nichts, Kaiman; mein Wunsch ist es zu spielen", erwiderte Kaninchen, zufrieden damit, das tödliche Geheimnis seines Opfers entdeckt zu haben.

Das Spiel ging auf dem Strand hin und her. Kaiman spielte selig. Kaninchen gab seinem Spiel einen unschuldigen Anstrich. Eine Unvorsichtigkeit von Kaiman gab Kaninchen die günstige Gelegenheit, ihm einen scharfen Wurf auf die Schwanzwurzel zu verpassen. Wie vom Blitz erschlagen drehte Kaiman seinen Bauch der Sonne zu. Kaninchen beugte sich über Kaiman und mit seinem Hirschfänger zog er ihm die raue Haut ab.

Gott hatte Kaninchen ganz vergessen, als es in einem Garten, der vom Licht der Sterne des Morgenhimmels erhellt war, zu Seinen Füßen erschien. "Herr, ich komme, mein Wort einzulösen: hier sind die Häute, um die Du mich gebeten hast. Ich wünsche, dass Du mir damit meinen Körper größer machst", sagte Kaninchen.

Ein wenig überrascht wie eine Blüte, auf deren Blätter plötzlich ein Schmutzfleck fällt, rief Gott aus: "Wenn du mit einem so kleinen Körper diese Gräuel begangen hast, was würdest du mit einem größeren Körper anstellen?" Und es bei den Ohren packend, sperrte Er es in den Mond ein, wo es, von Licht umflutet, betrachtet werden kann.

(nach Gabriel López Chiñas: Vinnigulasa, México 1940/ 1960: 115-119)

Abb. 33: Herr "4-Kaninchen", sein Geburtsdatenname ist an seinem Rücken dargestellt
(Codex Nuttall, lám. 23)

Aus der Stadt **Juchitán auf dem Isthmus von Tehuantepec** *kennt man noch ein anderes Tiermärchen vom*

Kaninchen,

das Ähnliches erzählt und doch so anders ist. Da zeigt sich, wie Erzähltraditionen eben doch in verschiedenen Varianten existieren und "Mündlichkeit" ein sich immer wiederholender schöpferischer Vorgang ist.

Ich werde euch die Geschichte eines Kaninchens erzählen, das eines Tages Gott besuchte und zu *Ihm* sagte: "*Du* hast mich sehr klein gemacht. Jetzt will ich, dass Du mich größer machst."

Da sagte Gott zu ihm: "Wenn du wahrhaftig größer sein willst, bringe mir drei Häute: ein Jaguarfell, eine Kaimanhaut und ein Affenfell."

Das Kaninchen kehrte zurück und begab sich in den Wald. Es wusste schon, was es tun müsste. Zuerst machte es einen Kasten und ein Netz; und sofort nahm es sie auf und lief davon. Kurz danach kam es an einen Ort, wo sich eine Affenherde befand. Als es sie sah, hängte es das Netz auf und begann, auf dem Kasten herum zu trommeln. Da kamen die Affen heran; und als sie versammelt waren, sagte es zu ihnen: "Wisst ihr, dass ihr keine Ahnung habt? Heute ist euer Geburtstag und es gibt ein Tanzfest. Es ist ein großer Tag für euch." "Gut!" sagten die Affen und begannen zu tanzen. Als sie schon sehr müde waren, sagte das Kaninchen zu ihnen: "Damit lasst es genug sein, Brüder. Jetzt esst die Früchte, die ich euch mitgebracht habe."

Dann wies es mit der Pfote dorthin, wo es das Netz aufgehängt hatte, und das war wirklich voller Früchte. Die Affen kamen herunter, gelangten zu dem Ast, an dem das Netz aufgehängt war, und zwängten sich hinein.

Das Kaninchen, das ein sehr listiges Tier war, hatte jenes Netz schon entsprechend vorbereitet, und in dem Augenblick, als sie sich hineinzwängten, schloss sich seine Öffnung. Und es fing an, sie zu schlagen, so lange, bis es sie getötet hatte. Nachdem es sah, dass alle tot waren, zog es ihnen das Fell ab und wanderte weiter.

Danach betrat das Kaninchen erneut den Wald, schnitt viele Lianen ab und setzte sich unter einen großen Baum. Bald aber erschien ein Jaguar und sagte zu ihm: "Ich werde dich fressen, ich werde dich fressen!"

"Wie ist es möglich, dass du mich fressen willst; hast du denn keine Ahnung? Dann will ich es dir erzählen…" "Was musst du mir sagen?" "Siehst du alle diese Lianen hier herumliegen?" "Was wirst du damit machen?" fragte es der Jaguar. "Heute Nachmittag wird ein sehr starker Wind wehen und er wird alles mitreißen, das nicht an einen Baum gebunden ist. Deshalb habe ich diesen dicken Baum ausgesucht, um mich an dem Stamm festzubinden. Was sagst du jetzt zu mir, Bruder? Du wirst mich fressen oder mir helfen, mich festzubinden, damit der Wind mich nicht fortreißt und ich sterben muss?"

Der alte Jaguar sagte ihm daraufhin: "Warum bindest du mich nicht an den Baum, Bruder? Danach werde ich dich anbinden", so sagte der Jaguar zum Kaninchen. Da sagte das Kaninchen und tat so, als wollte es das nicht: "Wenn du willst, dass ich dich hier festbinden soll, ist es gut; obwohl … – und dann binde ich mich an einem anderen Ort fest."

Darauf umarmte der Jaguar jenen Baumstamm, an dem das Kaninchen gesessen hatte, und das Kaninchen begann, ihn festzuzurren. Da sagte der Jaguar: "Binde mich gut an, Bruder. Sonst könnte mich der Sturm fortreißen." "Gut, gut!" sagte das Kaninchen und band den Jaguar auch an den Gelenken und Knöcheln am Baum fest, bis ihm die Lianen ausgingen.

Danach begann das Kaninchen, ihm ins Gesicht zu schlagen. Und… du glaubst nicht, dass es ihn tötete? Danach zog ihm das Kaninchen das Fell ab und damit hatte es zwei Felle beisammen.

Daraufhin zog das Kaninchen los, einen Kaiman zu suchen, und es wanderte am Ufer eines Teiches entlang, hüpfte und spielte mit einer harten Frucht, die es in Händen hielt. Plötzlich kam hinter ihm ein Kaiman aus dem Wasser und sagte zu ihm: "Heute werde ich dich töten und dich fressen."

Da sagte das Kaninchen: "Ich suche dich schon eine Weile." "Was willst du von mir?" fragte es der Kaiman. Und das Kaninchen antwortete ihm: "Ich habe einen Ball mitgebracht, damit wir spielen können. So werden wir mehr Hunger haben, wenn wir aufhören zu spielen, und dann werde ich dir zu essen bringen, denn es gefällt mir sehr, mit dir zusammen zu sein." "Gut!" sagte ihm der Kaiman und schloss die Augen.

Sie begannen mit jener harten Frucht zu spielen und dann sagte das Kaninchen zum Kaiman: "Wo ist die empfindlichste Stelle deines Körpers, Bruder? Damit es nicht geschieht, dass ich dich dort etwa treffe und verletze!" Darauf sagt ihm der Kaiman: "An meiner Schwanzwurzel – dort ist der Punkt, wo ich am empfindlichsten bin."

Das Kaninchen schwieg ein Weilchen; dann aber begann es, auf die Schwanzwurzel des Kaimans zu zielen. Und… weißt du, dass es ihn bei einem der Würfe erwischte? Der

Kaiman blieb dort liegen und nichts weiter, er machte keinen Schritt mehr. Danach zog das Kaninchen sein Messer hervor und begann, dem Kaiman die Haut abzuziehen.

Am nächsten Tag nahm das Kaninchen seine drei Häute und besuchte Gott. Als es dort ankam, sagte es zu Ihm: "Hier bringe ich die drei Häute, die *du* mir zu bringen befohlen hast. Nun mach *mich* groß."

Daraufhin sage Gott zu ihm: "Dies machst du, während du klein bist und niemand dich hintergangen hat. Was soll ich dich da groß machen?" Gott packte es aber an den Ohren und zog sie ihm lang, und dann verabschiedete *Er* es. Das Kaninchen zog mit den großen Ohren und hervorstehenden Augen los. Es war sehr zufrieden.

Das ist eine Geschichte, die in jenen Tagen die Alten unseren Kindern im Ort Juchitán erzählten, vor dem Tag jener schmutzigen Soldaten. In welchem Jahr? Wer weiß?

(nach: Vhupa Cuentu sti Lexu. Cuentos del Conejo en zapoteco del Istmo y español, México 1979)

Abb. 34: Die edle Frau mit Namen "4-Kaninchen/Federn, die dem Sand entspringen" sitzt auf einem Jaguarfellthron und offeriert einen Krug mit Pulque, dem vergorenen Agavensaft (Codex Nuttall, lám. 28)

Es sei ein Tiermärchen von den **Zapoteken** *angefügt, in dem berichtet wird:*
Gott straft Kaninchen:

In den ersten Tagen hatte Kaninchen keine langen Ohren und keine großen, vorstehenden Augen. Ja, es war so intelligent und so klein wie heute.

Verzweifelt wegen seiner Kleinheit stieg es eines Tages zum Himmel auf und sagte zu Gott: "Vater, warum hast Du mich so klein gemacht; ich kann meine Intelligenz nicht so nutzen, wie ich sollte. Ich flehe Dich an, mach meine Gestalt größer, und ich werde gut geraten sein."

"Gut, wenn du mit den Dingen von der Erde zurückkehrst, die ich von dir erbitten werde, tue ich das, was du möchtest." Und Gott sagte ihm: "Ich möchte eine Haut von **bédze**, dem Jaguar, eine von **yahui**, dem Affen, eine weitere von **béñé,** dem Kaiman, und eine noch von **béenda**, der Schlange."

Als Gott geendet hatte, sage Kaninchen: "Ich zieh los!"

Und es stieg zur Erde hinab; und das erste, was es tat, war, den Jaguar zu suchen. Und ungeduldig irrte es im Urwald umher, bis es ihn traf. Es gab ihm die Hand und erzählte ihm davon, dass die Sonne nicht mehr als zweimal aufgegangen war, seit es aus dem Himmel zurückgekehrt war. Und eins nach dem anderen zählte es die Dinge auf, die es von Gott gehört haben wollte. So gelangte es an eine Stelle, an der die Erzählung zu stocken schien, denn Kaninchen brachte sie kaum über die Lippen, als wenn die Worte ihm sehr schwerfielen.

"Auch wusste er, dass in ein paar Stunden bei uns ein so gewaltiger Sturm wehen wird, dass er alles bis ans Meer fortreißen wird: die Hügel und die Berge und mit ihnen alle großen Dinge, und zu den großen Dingen wirst du gehören. Ich werde dich retten; vielleicht ist es das einzige Mal, dass mein kleiner Körper etwas Gutes bedeutete: während der Wind alles wegfegt, werde ich mich in irgendeiner Grube verstecken."

Der Jaguar war sehr traurig und begann nachzudenken. Ein paar Tränen rannen ihm herab und Kaninchen weinte auch einige Tränen, als wäre es selbst sehr gerührt; es legte ihm eine Hand auf die Schulter und sagte: "Ich habe ein sicheres Mittel, dich zu retten. Wir werden den größten und möglichst freistehenden Baum suchen und außerdem einen, bei dem der Wind nicht so stark bläst. Ich werde dir einen Riemen um den Nacken legen und dich an seinem Stamm anbinden."

"Aber es gibt hier keinen Riemen und wir können nicht ins Dorf gehen!" "Ja, die Menschen mögen uns nicht; aber von einer ihrer Bananenpflanzungen werden wir *láaza* stehlen: Bast."

Sie machten sich auf den Weg; nach einer kleinen Weile wurde der Weg sehr beschwerlich und führte schließlich unter einer Absperrung hindurch und sie krochen darunter hindurch, und als sie sich wieder aufrichteten, befanden sie sich in der Bananenpflanzung. Sofort begann Kaninchen, Bastfasern abzureißen – aber so dünne, dass der Jaguar sich gezwungen sah zu sagen: "Lass, ich werde sie selbst abreißen."

Und er schlug seine Krallen in den Stamm und riss breite Baststreifen heraus, bis er viele hatte. Sie verdrehten sie zu einem runden Seil und suchten dann den dicksten und isoliertesten Baumstamm mit einem Wurzelwerk, an dem der Wind weniger angreifen konnte. Das Bastseil wurde dem Jaguar um den Nacken gelegt und dann wurde er festgezurrt. Kaninchen trollte sich davon und verschwand im Wald. Kaum aber waren einige Minuten vergangen, kam es mit einem Knüppel zurück und schlug den Jaguar, bis es ihn getötet hatte. Es nahm sein Messer und zog ihm die Haut ab und, sie hinter sich her schleifend, verschwand es erneut zwischen den Bäumen und Gestrüpp, bis es zu seiner Hütte kam und die Haut dort versteckte.

Es hatte die erste Haut bekommen und zog nun los, die zweite zu suchen. Nachdem es sich geputzt und ausgeruht hatte, folgte es einem Weg bis ins Dorf. Ohne sich vor den Hunden zu fürchten, betrat es einen Laden. Es kaufte einen Spiegel, Seife und ein Rasiermesser und kehrte in den Wald zurück. Seine Augen schauten nicht auf den Weg, der ihm vertraut genug war, sondern auf der Suche nach Affen in die Baumkronen, bis es auf eine Familie traf. Es holte Wasser und begann, Seifenschaum zu schlagen; es hängte den Spiegel an eine Astgabel und rasierte sich. Zum Schluss und ohne, dass die Affen dessen gewahr wurden, führte es sich das Messer seitlich an der Gurgel vorbei – jedoch mit der Schneide nach außen! Es ließ seine Utensilien liegen und verschwand.

‚Diese Freunde machen alles nach, was die Menschen machen. Einer wird herabklettern, er wird alles machen und zum Schluss wie ich das Messer an der Gurgel entlangziehen, aber mit der scharfen Seite!'

Einer der Affen ließ sich vom Baum hinab; er rasierte sich und schnitt sich den Hals durch. Als er tot war, erschien das Kaninchen in ausgelassener Stimmung und zog ihm das Fell ab. Und wie beim vorherigen Mal lief es damit nach Hause, um es dort aufzubewahren.

Nahe dabei gab es ein Wasserloch, wo ein Kaiman König ohne Untergebene war. Seine Grausamkeit machte, dass sich die anderen Tiere fernhielten, und er lebte daher dort recht einsam. Damit man ein Schlückchen trinken konnte, musste man ihn anflehen. Dorthin führten viele Pfade, als wenn viele fast tot vor Durst dort Wasser gesucht hätten. Auf einem derselben näherte sich Kaninchen mit einem runden schwarzen **Morro** [einer harten Baumfrucht] in den Händen. Es hatte ihn auf einer Ebene mit der hinterhältigen

Absicht aufgesammelt, damit Ball zu spielen. Es legte den Morro ans Ufer und rief den Kaiman. Der durchbrach mit einem Gähnen die Wasseroberfläche, steckte den Kopf heraus und sagte: "Wenn du trinken möchtest, trink und hör auf zu schreien!"

"Nein, das ist es nicht. Ich spüre große Lust in den Fingen zu spielen, und zwar mit dir." "Gut!" Und Kaiman kam ans Ufer und begann mitzuspielen. Während ihm der "Ball" aus den Händen flog, überlegte Kaninchen, welches wohl der sicherste Punkt sei, um seinen >Freund< zu treffen und zu töten. An der Stirn, dachte es und schleuderte die steinharte Frucht mit scheinbarer Unvorsichtigkeit und aller Wucht, um ihn dort zu treffen.

"Unglücklinder, wenn du mich anstelle der Stirn an meinem Schwanzansatz getroffen hättest, dann hättest du mich getötet!" Und wütend tauchte der Kaiman im Teich hinab und verkroch sich in seiner Höhle, noch bevor er den Fluch ganz ausgesprochen hatte.

"An der Schwanzwurzel also, ja?" sagte Kaninchen, und durch die trockenen Blätter raschelnd verschwand es im Wald.

Den Rest jenes Tages und die Nacht verbrachte es damit, zu schlafen und davon zu träumen, wie groß es sein würde, wenn es Gott die Felle gebracht hätte. Am nächsten Tag erhob es sich frühzeitig; es brachte seine Hütte in Ordnung und über einen der Pfade, die durch den Urwald führen, kam es an das Wasserloch. Kaiman bewahrte in seinem Herzen ein Körnchen Rachsucht und auf dem Sand wollte er es aufgehen lassen; er lag, das offene Maul voller Fliegen wie tot in der Sonne. Als Kaninchen ihn sah, dachte es laut: "Er ist schon tot."

Aber dann im Stillen: ‚Ich werde mich davon überzeugen, indem ich mich meines Talents würdig erweise.'

"Mein armer Freund ist tot. Wie war er so gut und die guten Menschen dürfen nicht sterben; ich kann es nicht glauben! Es gibt nur ein Mittel, mich davon zu überzeugen, ob mein Schmerz Sinn hat, und das ist es zu erfahren, ob er wirklich tot ist: wenn er dreimal den Schwanz bewegt, wie meine Großmutter, als sie starb, ihn dreimal bewegt hat, um uns zu überzeugen, dass sie gestorben ist."

Und Kaiman bewegte dreimal den Schwanz.

Kaninchen setzte sich ein wenig weiter weg und rief ihm zu: "Du kannst nicht tot sein! Wie kannst du spielen zu sterben? Setz dich wie gestern auf und wir werden Ball spielen. Ich verspreche dir, artig zu sein, und wenn ich dies nicht erfülle, gibst du mir niemals wieder aus deiner Tasse Wasser zu trinken."

"Wenn es so ist, habe ich nichts dagegen", sagte Kaiman.

Auf seine Füße erhoben flößte der Herr des Teiches Furcht ein und Kaninchen, das kurz zuvor sein Feind gewesen war, warf ihm den Ball nun vorsichtig zu.

So spielten sie längere Zeit, der eine, um sich nicht treffen zu lassen, und das andere, weil es auf die Gelegenheit zu einem entscheidenden Wurf wartete. Als das Spiel etwas aus der Bahn geriet, musste Kaiman eine halbe Drehung machen, und Kaninchen zielte einen scharfen Wurf auf dessen Schwanzwurzel. Kaiman warf die Arme in die Luft, als er sich verabschiedete; und Kaninchen zog ihm die Haut ab, als er tot war. Mit mehr Mühe als die vorherigen Male schleppte es sie nach Hause.

Es wollte nicht schlafen und alle Augenblicke rieb es die Hände vor Freude, aber der Schlaf überfiel es und schloss ihm die Augen. Und es verbrachte die Nacht wie in ein schwarzes Tuch gewickelt. Der Morgen kam und Kaninchen lief ins Feld hinaus. Das Gras war feucht. Auf jedem Blatt lag ein Tautropfen und in jedem Tropfen spiegelte sich die Sonne.

Es fraß ganz friedlich, als plötzlich eine Schlange auftauchte und es beißen wollte. Kaninchen fühlte sich wegen ihrer Durchtriebenheit eingezwängt und behende, wie es ist, tat es schnell einen Satz und schlug ihr die Zehennägel in jedes Auge. Es ließ sie fallen, sie war tot. Mit seinem Messer entkleidete es sie und um auf seinem eigenen Weg möglichst voranzukommen, lief es wie wahnsinnig zu seiner Hütte. Es versuchte ein Fädchen Schlummer zu erhaschen; aber der Traum seiner Anwesenheit vor Gott kam mit harten Absätzen polternd daher und weckte es auf. Es knüpfte die Felle und Häute zusammen und mit den magischen Regeln, die es beherrschte, stieg es zum Himmel auf. Es setzte sich vor Gott hin und sagte *Ihm*: "Hier sind die vier Felle, Herr."

Und es erzählte *Ihm*, wie es sie erlangt hatte, und sagte schließlich: "Mach mich groß!".

Gott sah es mit einem bekümmerten Blick an und sagte ihm dann: "Nein. Dies kann nicht sein; wenn du klein bist, bist du so, wie du eben bist; wenn du groß wärest, wäre ich vielleicht nicht Gott!"

Und es bei den Ohren nehmend, warf *Er* das Kaninchen zu Boden. Und im Fallen streckte es die Vorderpfoten aus, um sich abzustützen; und von dem Sturz traten ihm die Augen hervor, und die Ohren wurden lang. Und es kehrte mit den kürzeren Vorderpfoten, den langen, großen Ohren und den hervorstehenden Augen zur Erde zurück.

(nach: Andrés Henestrosa: Los hombres que dispersó la danza, SEP México1929/1987: 93-98)

Abb. 35: Eroberung des Ortes Tuchpan
(Codex Mendoza, fol. 10v.)

Kopfzerbrechen wird es gewiss machen, die Ingredienzen manches Hilfsmittels in der traditionellen Heilkunde zu beschaffen, die gegen Kopfschmerzen helfen sollen. In der Aufzählung solcher Mittel und Methoden in dem Ort Cuilapan nahe der Stadt Oaxaca, in den Jahren 1802-1810 gesammelt, heißt es nämlich unter anderem:

7. Um Kopfschmerzen zu kurieren: Man legt einen Kaninchenschwanz, einen Opossumschwanz und einen Gürteltierschwanz auf den Kopf und sofort bindet man das fest. Damit vertreibt man die Kopfschmerzen.

(aus: Eleanor Friend Sleight: Folk Tales of Cuzilapan And Neighboring Villages / Cuentos de Cuilapan y Pueblos Cercanos, Oaxaca, Mexico. Orlando, Florida 1994: 56)

Man muss sich wirklich fragen, wie diese unterschiedlichen Schwänze, der winzig kleine, mit Fell überzogene des Kaninchens, der lange nackte Schwanz des Opossums und der mit Schuppen bedeckte des Gürteltiers, zusammen Heilwirkung erzielen sollen – gewiss durch eine Beeinflussung der Psyche: wenn man annimmt, dass etwas hilft, hilft es in gewisser Weise auch.
So bleibt doch Kaninchen wenigstens mit seinem Schwänzchen für etwas gut: einen klaren Kopf zu behalten oder zu bekommen!
"Kaninchen" mit seinen Aktivitäten und mit seinem Erscheinen ist eben für manches gut, meint man zumindest bei den Indigenen in Oaxaca, Mexiko.

Weitere Literaturhinweise

Gabriel, Martin

2022   El señor Maguey und die 400 Kaninchen. Agaven, Pulque und "Alkohol-politik" im vorkolumbischen und kolonialen Mexiko. In: Amerindian Research 17 /1: 12-22.

López Austin, Alfredo

1994   El conejo en la cara de la luna. Ensayos sobre mitología de la tradición mesoamericana. Dirección Gerneral de Publicaciónes del Consejo Nacional para la Cultura y las Artes. Instituto Nacional Indigenista, México.

Schneider, Lysann & Ursula Thiemer-Sachse

2008   Der "Mann im Mond" und das "Mondkaninchen". Zur Interpretation der Mondflecke bei verschiedenen indigenen Gruppen des amerikanischen Doppelkontinents. In: MegaLithos (Michendorf) 9, 1: 22-27.

Seler, Eduard

[1923] 1961 Die Tierbilder in den mexikanischen und den Maya-Handschriften. Gesammelte Abhandlungen zur Amerikanischen Sprach- und Altertumskunde IV: 453-645, Akademische Druck- u. Verlagsanstalt Graz

Thiemer-Sachse, Ursula

2018   Das Kaninchen im Mond – oder: Mexiko ist für manche Überraschung gut. In: Amerindian Research 13 /3: 162-165.

Thiemer-Sachse, Ursula

2022   Kaninchen, das kleine Tier, das Großes leistete – was ist aus ihm geworden? Bemerkungen zu oralen Traditionen bei den Zapoteken des Isthmus von Tehuantepec, Oaxaca, Mexiko. In: Amerindian Research 17 / 2: 87-92.

Abb. 36: Briefmarke (die linke ist postalisch gelaufen) aus Anlass der Erinnerung nach zehn Jahren an die erste Mondlandung mittels der altmexikanischen Darstellung des Kaninchens im Mond, das in diesem Falle allerdings in der Bilderhandschrift Codex Borgia aus der Mixteca Alta in Oaxaca seitenverkehrt dargestellt ist.

Amerindian Research

Seit 2006 präsentiert die deutschsprachige Quartalszeitschrift Amerindian Research Beiträge zu Geschichte und Kultur der indianischen Bewohner Amerikas von Alaska bis nach Feuerland.

Amerindian Research wendet sich an Wissenschaftler, Hobbyfreunde und Amateurforscher gleichermaßen. Hier finden Sie auch Informationen zu Dauer- und Sonderausstellungen ethnologischer Museen.

Außerdem gibt es einen umfangreichen Rezensionsteil, der über Neuerscheinungen vorwiegend deutscher und englischsprachiger Buchtitel informiert.

Edition Amerindian Research

Unter dem Label "Edition Amerindian Research" erscheinen in loser Folge Bücher zu Geschichte und Kultur der amerikanischen Ureinwohner, die in Zusammenarbeit mit der Redaktion ausgewählt wurden, für deren Inhalte die jeweiligen Autoren jedoch selbst verantwortlich sind.

Ausgabe Nr. 1:
Rudolf Oeser:
Die Arapaho-Indianer. Bisonjäger der Plains.
BoD – Books on Demand, Norderstedt, 2022
ISBN 978-3-7568-1751-1

Ausgabe Nr. 2:
Ursula Thiemer-Sachse:
Das Kaninchen im Mond und im Kampf ums Dasein in der Welt der Tiere und Menschen
Erzählungen – Mythen, Legenden, Märchen, eben Tiergeschichten jeder Art – in und von ethnischen Gruppen in Oaxaca, Mexiko.
Übersetzungen aus den spanischsprachigen Versionen sowie Kommentare von Ursula Thiemer-Sachse
BoD – Books on Demand, Norderstedt, 2022
ISBN 978-3-7568-3970-4

Auf der Internetseite

www.amerindianresearch.de

finden Sie die Inhaltsverzeichnisse aller bisher veröffentlichten Ausgaben der Zeitschrift, es gibt Leseproben zu den meisten Artikeln sowie die Möglichkeit, ältere Ausgaben dieser Zeitschrift als pdf kostenlos herunterzuladen.
Dort finden sie auch Preisangaben und Kontaktdaten für Anfragen und Bestellungen.

Auf dieser Internetseite finden Sie auch Informationen zu Neuerscheinungen der Edition Amerindian Research.

Arapaho-Indianer
Bisonjäger der Plains

Rudolf Oeser

Edition
Amerindian Research
Ausgabe Nr. 1:

Rudolf Oeser:
Die Arapaho-Indianer.
Bisonjäger der Plains.

BoD – Books on Demand,
Norderstedt, 2022
ISBN 978-3-7568-1751-1

Die Arapaho sind eine jener nordamerikanischen Ethnien der High Plains, deren Lebensweise von der Bisonjagd bestimmt war, als sie um 1800 erstmals mit den Europäern in Kontakt kamen. Die populärwissenschaftliche Literatur hat die Arapaho jedoch weitgehend ignoriert und ins Dunkle versetzt. Selten werden sie als eigenständige Ethnie berücksichtigt und meist nur im Dreigespann der "Lakota, Cheyenne und Arapaho" erwähnt, als seien sie lediglich ein Anhängsel dieser beiden berühmten Stämme gewesen. Das trifft zumindest auf die deutschsprachige Literatur über die Indianer Nordamerikas zu, während einige englischsprachige Werke bemerkenswerte Seiten ihrer Kultur und Geschichte zeigen, denn die Arapaho gehörten zu den ersten Stämmen, die als Bisonjäger in die Plains übersiedelten, und sie unterschieden sich in Sprache, kultureller Tradition, gesellschaftlicher Verfassung und Geschichte durchaus von anderen Bewohnern der Plains.

Dieses Buch schließt diese Lücke und zeichnet die Kultur und Geschichte der Arapaho von den erkennbaren Anfängen bis in die Gegenwart nach.